SKILLS and PRACTICE

GERMAN
Standard Grade

Alistair Brien
Sharon Brien
Corinna Schicker
Eleanor Caldwell

OXFORD
UNIVERSITY PRESS

OXFORD
UNIVERSITY PRESS

Great Clarendon Street, Oxford OX2 6DP

Oxford University Press is a department of the University of Oxford.
It furthers the University's objective of excellence in research, scholarship,
and education by publishing worldwide in

Oxford New York

Athens Auckland Bangkok Bogotá Buenos Aires Calcutta
Cape Town Chennai Dar es Salaam Delhi Florence Hong Kong Istanbul
Karachi Kuala Lumpur Madrid Melbourne Mexico City Mumbai
Nairobi Paris São Paulo Singapore Taipei Tokyo Toronto Warsaw

with associated companies in Berlin Ibadan

Oxford is a registered trade mark of Oxford University Press
in the UK and in certain other countries

© Oxford University Press 1996

The moral rights of the author have been asserted
Database right Oxford University Press (maker)

First published 1999
ISBN 0 19 912259 8

Acknowledgements

The publishers would like to thank the following for permission to reproduce photographs, and for additional commissioned photography:
Roger Blackhurst p.90 (bottom right); John Brennan p.22 (top), p.61 (a, b), p.78 (a, d, k), p.85 (c, f), p.90 (left, top centre and bottom centre), p.93, p.101 (a, c), p.102 (centre and centre left); Dick Capel-Davies p.22 (centre), p.24 (top), p.26 (centre), p.61 (c), p.80 (b), p.86 (bottom centre); Environmental Picture Library p.102 (top row: centre, second from right; bottom row: left); Gordon Hillis p.24 (bottom), p.48, p.54 (1, 2, 3, 4, 5), p.57 (top right, bottom left, centre and right), p.61 (e), p.65 (3), p.77 (a, b, d, e), p.78 (b, c, e, f, g, h, i, j), p.101 (b, d, e, f), p.102 (top row: left, second from left, right; bottom row: right); Tony Lees p.33 (bottom), p.85 (e), p.86 (top centre); Movie Store Collection p.32 (top left and right, bottom); Marilyn O'Brien p.85 (b); Sabine Oppenländer Associates p.17, p.32 (top centre), p.65 (1); OUP p.33 (top), p.49 (left), p.54 (7, 8), p.61 (d), p.80 (c), p.85 (d), p.86 (bottom right), p.102 (bottom row: centre left and right); David Simson p.46, p.49, p.80 (a), p.86 (top right); Martin Sookias p.26 (left and right), p.57 (top left), p.77 (c, f); Jeff Tabberner p.54 (6), p.61 (f), p.65 (2), p.85 (a), p.102 (centre right); John Walmsley p.22 (bottom).

The illustrations are by Hemesh Alles (eg. p.29), Maggie Brand (eg. p.63), Peter Brown (eg. p.93), Helena Greene (eg. p.50), Nigel Paige (eg. p.16), Trevor Parkin (eg. p.71). Maps and diagrams by Hardlines, Oxford, and Peter Ducker. The authentic handwriting is by Kathy Baxendale.

The publishers would like to thank the following for permission to reproduce copyright material:
JUMA (pp. 33, 73, 89, 105, 117); Mary Glasgow Magazines (pp. 24, 40, 48, 58, 65, 81, 95, 96); Rheinischer Merkur (p.17), Die Welt (p.88).

The sound recording was made at Post Sound Ltd, London, with production by Marie-Thérèse Bougard and Charlie Waygood.

Cover photograph: Staatsgalerie, Stuttgart, by Richard Bryant/Arcaid

Every effort has been made to contact copyright holders of material reproduced in this book. Any omissions will be rectified in subsequent printings if notice is given to the publisher.

All rights reserved. No part of this publication may be reproduced, stored in a retrieval system or transmitted, in any forms or by any means, without the prior permission in writing of Oxford University Press. Within the UK, exceptions are allowed in respect of any fair dealing for the purposes of research or private study, or criticism or review, as permitted under the Copyright, Designs and Patents Act, 1988, or in the case of reprographic reproduction in accordance with the terms of licences issued by the Copyright Licensing Agency. Enquiries concerning reproduction outside those terms should be addressed to the Rights Department, Oxford University Press, at the address above.

Typeset and designed by Peter Ducker MSTD

Printed and bound by Mateu Cromo Artes Graficas, Spain

Contents

		page
	Overview of units	4
	Introduction	6
	Exam fact file	7
	Units:	
1	Sport und Gesundheit	13
2	Schule	21
3	Freizeit	29
4	Medien	37
5	Jugend	45
6	Wohnsiedlung	53
7	Meine Stadt	61
8	Arbeitspraktikum	69
9	Berufsbewerbung	77
10	Inselträume	85
11	Probleme	93
12	Umweltschutz/Transport	101
	Kontrolle sections:	109
	1 (Units 1–3)	110
	2 (Units 4–6)	112
	3 (Units 7–9)	114
	4 (Units 10–12)	116
	Grammar summary	118
	Verb table	126
	Cassette transcript	128
	Answers	138

Overview of units

Unit	Pages	Topic areas	Listening/reading
1 Sport und Gesundheit	13–20	Leisure 1 (sport) Food and drink 1 (ordering) Physical state 1 (illness)	Understanding a menu Understanding young people talking about what sports they play and what they like to eat
2 Schule	21–28	School 1 (general info., comparisons); Goods & Services 1 (lost property); Daily Routine 1 (school days); Concerns of teenage interest 1 (single sex schools, uniform) Clothes 1 (uniform)	Following arguments for and against mixed schools
3 Freizeit	29–36	Leisure 2 (pastimes) Immediate plans 1 (arrangements) Clothes 2 (fashion); Work 1 (summer jobs) Money 1 (pocket money) Time/dates 1	Understanding young people describing what they like to do in their free time
4 Medien	37–44	Leisure 3 (TV & cinema) Weather 1 (forecasts) Concerns of teenage interest 2 (media & advertising)	Understanding young people describing their TV viewing habits Following a weather forecast Reading a profile of a famous person
5 Jugend	45–52	Family 1 (relationships & problems); Immediate plans 2 (invitations); Time/dates 2 (invitations) Self 1 (description); Holidays 1 (plans); Personal belongings 1 (presents); People 1 (relationships)	Understanding young people talking about their friendships Holiday plans
6 Wohnsiedlung	53–60	Home 1 (description of house/house work) Pets 1 (domestic and exotic animals); Family 2 (relationship problems/house work) Daily routine 2 (at different times of week/year)	Understanding descriptions of people's houses
7 Meine Stadt	61–68	Environment, places & facilities 1 ((home) towns, directions, signs); Food & drink 2 (buying & ordering) Travel 2 (train – special tickets, trips)	Following directions Finding out about a German town Deciding which type of ticket to buy
8 Arbeitspraktikum	69–76	Work 2 (work experience, holiday jobs); People 2 (work experience placements) Goods & services 3 (information office, station); Concerns of teenage interest 3 (future work, discrimination in work place); Money 2 (earnings)	Understanding job adverts Listening to and reading about young people's work experience
9 Berufsbewerbung	77–84	Work 3 (future plans); People 3 (occupations) Goods & services 4 (Post office, bank, dry cleaners); School 2 (qualifications) Clothes 3 (for interview)	Understanding details from an interview Understanding a CV
10 Inselträume	85–92	Holidays & travel 3 (planned, past & ideal). Environment, places & facilities 2 (accommodation) Weather 2 (in holiday destinations) Physical state 2 (explaining/buying medication at chemists)	Understanding people talking about their holiday experiences
11 Probleme	93–100	Goods & Services 5 (lost property, garage, shops & restaurant); Accidents & emergencies 1 (traffic accidents) Concerns of teenage interest 4 (relationships, race relations)	Understanding a variety of problem situations
12 Umweltschutz/ Transport	101–108	Environment 3 (environmental protection); Travel 4 (train, underground & efficiency of other forms) Goods & services 6 (garage); Concerns of teenage interest 5 (environmental issues)	Understanding people talking about measures they take to protect the environment Understanding travel arrangements

Overview of units

Speaking	Writing	Grammar focus
Describing your eating habits and lifestyle. Talking about sporting interests. Prepared talk on sports at school. Explaining symptoms to doctor.	Notes about sports provision in school. Questions for telephone conversation. Questionnaire on fast food. Notes on eating habits.	Pronouns Comparatives Superlatives
Describing your daily routine. Describing your uniform. Discussing: school, school day, timetables & making comparisons.	Descriptions of school/school day; comments on school uniform & single sex schools; Letter/school brochure about British schools. Prepared talk on future plans.	Word order Modal verbs *obwohl*
Discussing hobbies, pocket money. Making arrangements to go out. Discussing fashion. Prepared talk on holidays.	Personal comment on films; notes on fashion. Letter to apply for a pen-friend and reply. Survey notes on pocket money. Written version of cartoon.	Expressing opinions *Wie wäre es mit ...; Möchtest du ... Hast du Lust ...* Prepositions with the dative *gern/nicht gern*
Talking about the weather. Music you like. Compiling weather forecasts. Discussing: TV viewing; music; immediate plans; cinema listings.	Weather forecasts. Survey notes on viewing habits. Personal opinions of media/ambition to work in media. Letter about interest in music.	Future tense Word order *wenn* sentences
Talking about yourself. Describing your birthday. Inviting and making arrangements. Discussing holiday plans. Describing presents.	Personal comments on relationships. Descriptions of presents; thank-you letters; invitations.	*kein/nicht* Adjective endings after *kein* Making comparisons
Describing your home/ideal home. Describing your daily routine. Discussing/offering help with daily chores. Practising meal-time conversations. Buying fruit in market. Prepared talk on festivals celebrated.	Description of dream house. Letter about household chores.	Conjunctions Separable verbs Prepositions
Buying fruit/veg. in market. Naming places on map. Advantages/disadvantages of town and country life. Prepared talk on home town. Asking for directions. Discussing favourite cakes. Describing trip to a city.	Report about home town; list of places of interest in home town. Letter giving directions in town. Report on trip to a city.	Prepositions
Describing your future plans. Role play in work experience situations. Talking about work experience.	Notes/report on future plans. Letter to reserve accommodation. Reports on peoples' descriptions of different work experience placements.	Perfect tense *während* *als*
Discussing future plans. Role play in post office, bank, dry cleaners.	Completing letter about interview clothes. Letter of job application. List on interview tips. Preparing own CV.	Adjective endings Conditional sentences
Describing/prepared talk on holidays: past, ideal & future. Discussing holiday photos. Prepared talk on imaginary lottery win and holiday plans. Role play in youth hostel, campsite and chemists.	Reasons for holiday choices; notes on holiday packing. Letter of reservation to campsite.	*haben/sein;* Verb forms Present tense/perfect tense Conditional sentences
Discussing newly-bought clothes. Explaining details of car break-downs. Discussing problems in restaurants. Explanation and description of lost articles. Prepared eye-witness statement and report.	Description of lost articles. Letter of complaint to restaurant. Eye witness report.	*um zu* Relative clauses
Discussion and prepared talk on transport & personal environmental action. Role play in station. Explaining car problems. Asking/giving directions on the underground.	Environmental effects of transport. Survey notes on school transport. Report on environmental effects of modes of transport. Travel arrangements to Germany.	Imperfect tense Forming questions

Introduction

Welcome to *German to Standard Grade*

If you are taking German to Standard Grade, then this book is for you. It will help you to prepare for all the different parts of the exam.

Your teacher may work through the book with you in class or you can use the book on your own to help you with your revision. The book is divided into a number of sections to help you organise your work and to help you look things up easily.

The book is supported by a cassette of which your teacher can make copies, so that you can work through the listening activities on your own for homework or as part of your revision.

Using the book

Overview of units (pages 4–5)

This shows you which Standard Grade topic areas are covered, and what speaking, listening, reading and writing tasks are included in each unit. There is also a unit-by-unit grammar survey.

Exam fact file (pages 7–12)

Here you will find all you need to know about the Standard Grade examination. It explains the different parts of the final exam and offers examples from past papers.

The system of continuous assessment in speaking at Standard Grade is also explained, and includes a list of words and phrases which will be useful when preparing for a Speaking assessment

The Units (pages 13–108)

The main part of this book is divided into 12 units. Each unit follows a theme and covers aspects of different Standard Grade topic areas. For the listening activities you will need to use the cassette which accompanies the book. The speaking activities can be done with a partner and perhaps then recorded onto a cassette. Within each section you will find the activities becoming increasingly difficult. At the end of each unit you will find a section called *Zum Üben* which gets you to practise different grammar points which occur in the unit. Finally, there is a *Vokabeln* section which lists the main items of vocabulary which have appeared in the unit as well as other key words related to the topic. Throughout the units you will also find useful hints to help you to prepare for the different types of questions.

Kontrolle sections (pages 109–117)

These sections are made up of a number of mini-tests. Your teacher may give you these to do in class or you could use them to test yourself as part of your revision. There are four *Kontrolle* sections: 1 revises units 1–3; 2 revises units 4–6; 3 revises units 7–9 and 4 revises units 10–12.

Grammar summary (pages 118–127)

This provides a summary of all the main points of grammar which you will need. There is also a verb table which lists all the main irregular verbs which you are likely to encounter at Standard Grade.

Cassette transcript (pages 128–137)

Here you will find the text of all the cassette listening activities. Always listen to the cassette on its own first, but if you are finding it difficult to follow the recorded German, try following the text once as you listen.

Answers section (pages 138–144)

Here you will find the answers to the listening, reading and *Zum Üben* sections. Only use them to check how you have done after you have had a go at an exercise.

We hope that you will find *German to Standard Grade* of use to you when preparing for Speaking assessments and the final exam. Look through the book now to find all the different sections mentioned above so that you can use it to best effect when planning your work.

Alles Gute! Viel Erfolg!

Standard Grade Exam fact file

1 The Standard Grade examination

WHAT will you be tested on?

The Standard Grade German exam aims to test your ability to communicate in and understand German with confidence. In the exam itself, you will be tested on your ability to LISTEN, READ and WRITE in German.
- Throughout the second year of your Standard Grade course, your ability to SPEAK in German will be tested in class and your teacher will award you a grade for this.
- The WRITING paper at Standard Grade (General and Credit levels only) is optional. Please read the note on writing below carefully.
- The examination syllabus covers a wide range of Topic Areas:

> *Topic areas*
> Self
> Personal belongings (Pets/Money)
> Family and daily routine
> People and personal relationships
> Home
> Holidays and travel
> School
> Food and drink
> Work
> Immediate plans
> Leisure
> Clothes and fashion
> Morale (happy, bored etc.)
> Physical state (hungry, ill, etc.)
> Weather
> Events (past, present and future)
> Goods and services
> Accidents and emergencies
> Time and dates
> Environment, places and facilities
> Events, concerns of teenage and general interest

As you can see, many of the topics naturally overlap one another, for example Holidays and travel and Weather, or School and Self. This book will provide you with opportunities to practise speaking, listening, reading and writing in all the topic areas.

HOW will you be tested?

There are three different levels at Standard Grade in all subjects:
Foundation (Grades 5 and 6), General (Grades 3 and 4), and Credit (Grades 1 and 2). You will be entered for *two* of these levels, either Foundation/General or General/Credit. At all three levels, you will be tested on each of the following skills: speaking, listening and reading. At General and Credit levels you may also sit an optional Writing paper. There is *no* Writing paper at Foundation level.

Speaking

This is an extremely important part of the overall assessment at all levels of Standard Grade German. The final grade you are awarded in speaking accounts for 50% of your final award. You will be awarded this grade by your teacher. Throughout the final year of your Standard Grade course (normally 4th year) you will undertake a number of speaking assessments in class. These will be based on the Topic areas which you have been working on. They will take a variety of different formats. Here are some examples of these:
- having a conversation with your friend/teacher
- interviewing a partner
- taking part in a group discussion
- giving a talk or report.

You should ask your teacher to explain other possible formats of speaking assessments which you are likely to undertake. It is important to note that in all assessments you will always 'be yourself', i.e.: not play the part of a shop-keeper, travel agent, etc. In normal class work you may do some role-play work (there are role-play activities in this book). However this will not be the case in a Standard grade assessment. Here is a practical example of one assessment format:

Topic: Clothes and fashion
Format of task: Conversation with a friend
- talk about the type of clothes you like best and the ones you really don't like.
- find out about your partner's favourite clothes and see if you agree or not.
- describe a particular item of clothing which you've bought recently: colour, material, cost, etc.
- respond appropriately when your partner asks where you bought the clothes.
- suggest a shopping trip for clothes with your friend.
- discuss plans for this if your friend agrees, or make alternative arrangements.

As you can see in this example, you must show that, as well as answering questions, you are also able to:
- ask questions
- offer opinions
- discuss

- agree or disagree
- make suggestions

It is very important to remember that speaking assessments are not just about answering questions. The most important thing is to make yourself clearly understood. You do not always need to use complete sentences. Just by using key words and short phrases, you can ask a question, offer an opinion, etc. Always try to respond in some way. If you don't understand, remember to say – *Ich verstehe nicht* and if you didn't hear clearly say – *Könnten Sie das bitte wiederholen?*

Here are some general phrases which will be of use to you in most speaking assessments:

Giving your opinion
Ich glaube, dass – I believe that
Ich finde, dass – I think that
Ich denke, dass – I think that
Meiner Meinung nach – In my opinion
Ich bin der Meinung, dass – It's my opinion that
Das gefällt mir (gut) – I like that (a lot)
Das gefällt mir (gar) nicht – I do not like that (at all)
Das finde ich gut; interessant; langweilig; schwer; lustig – I think that's interesting; boring; difficult; funny
Es ist wichtig, weil – It's important because
Das macht Spaß – It's good fun/enjoyable
Er ist zu alt – He is too alt
Das ist (nicht) schön – That's (not) nice
Gute Idee! – Good idea!
Toll! – Great!

Expressing preference
Ich esse gern – I like (eating)
Ich esse lieber – I prefer (eating)
Ich esse am liebsten – I like (eating) best
Mein Lieblingsgetränk ist Cola – My favourite drink is cola.

Asking questions
Wie heißt du? – What is your name?
Wo wohnst du? – Where do you live?
Wie alt bist du? – How old are you?
Hast du Geschwister? – Do you have any brothers and sisters?
Spielst du Fußball? – Do you play football?
Was machst du samstags? – What do you do on Saturdays?
Was ist dein Lieblingssport? – What is your favourite sport?

Key question words
Wann? – When?   Wo? – Where?   Wer? – Who?
Was? – What?   Wie? – How?   Welch(e)? – Which?
Warum? – Why?   Wie viel? – How much?

Agreeing and disagreeing
Das glaube ich auch – I think so too
Ich stimme damit ein – I agree with that
Ich stimme damit nicht ein – I do not agree
Du hast recht – You are right
Das stimmt – That is correct
Es ist wahr, dass – It is true that
Du irrst dich – You are wrong
Ich bin nicht sicher ob – I am not sure whether
Es kommt darauf an – It depends on
Ich glaube schon – I think so

Discussing
Ich würde sagen, dass – I would say that
Wirklich – Really
Aber – But
Normalerweise – Normally
Im großen und ganzen – All in all
Im Gegenteil – On the contrary
Auf der anderen Seite – On the other hand
Was meinen Sie (meinst du) davon? – What do you think of?
Ich hoffe, dass – I hope that
Hoffentlich – Hopefully

Making and accepting suggestions
Gehen wir ins Kino? – Shall we go to the cinema?
Ich schlage vor – I suggest
Möchtest du zum Schwimmbad gehen? – Would you like to go to the swimming pool?
Wie wäre es mit einem Picknick? – How about a picnic?
Kommst du mit zum Konzert? – Are you coming with me(us) to the concert?
Ich möchte in die Stadt gehen – I would like to go into town
Abgemacht! – Agreed!
Bis dann! – Until then!
Ich bleibe lieber zu Hause – I would prefer to stay at home
Tut mir leid. Ich habe keine Lust. – Sorry, I don't want to.

Essential conversation words and phrases
Entschuldigung. Ich verstehe nicht – Sorry I don't understand
Könnten Sie das bitte wiederholen? – Could you repeat that please?
Ich weiß nicht – I don't know
Natürlich – of course
If you are really stuck you can say: Kleine Moment bitte!

Standard Grade Exam fact file

Listening

There is a Listening paper at Foundation, General and Credit levels at Standard Grade. The grade for listening accounts for 25% of your final award. Listening papers at all levels form part of the Standard Grade final examination.

Format: The language of all Listening papers will be based on the Topic Areas outlined on page 7 and will be recorded on cassette. The German will be spoken clearly by native speakers of the language. You will hear each item twice and will answer English questions in English.

You will not be allowed to use a dictionary in any of the listening tests. At all levels you will firstly hear a short introduction in English and German describing an everyday situation. The questions which follow are all based round this situation. For each question you will hear a piece of German. The question will then ask you, in English, to extract one or more pieces of information from what you've heard. Your answer might range from ticking or crossing a box to writing a longer explanation. Answers do not have to be in full sentences, but it is essential that you present the information in your answers very clearly. You are permitted to take notes when listening to the tape. Remember that you will hear the German twice. To give you an idea of the type of language and questions at each level, here are some examples taken from past papers at all three levels. Remember that these are listening tests and are recorded. Your teacher will give you an opportunity to hear recorded versions of past Listening papers in class.

Foundation

At Foundation level, you will hear a short piece of German which is spoken quite slowly. Your answers will normally be brief. You often have to just tick a box or fill in the blanks in a sentence. Here are the introduction and two questions from a Foundation Listening paper.

Introduction: Your school has received a cassette from a German school. On the cassette German pupils talk about themselves.
Deine Schule hat von einer deutschen Schule eine Kassette bekommen. Auf der Kassette sprechen deutsche Schuler.
Question 1: The second person on the cassette is a girl called Antje. She tells you about where she lives. Which of the following statements are True and which are False? Tick the correct boxes.
Ich wohne in einem modernen Haus am Stadtrand. Es ist ein Doppelhaus. Das Haus hat drei Schlafzimmer, ein Wohnzimmer und eine kleine Kuche.

	True	False
She lives in the town centre	☐	☐
Her house has three bedrooms	☐	☐
The kitchen is small	☐	☐

Question 2: Antje tells you about her local sports centre. Complete the following sentences.
Das Sportzentrum ist fantastisch. Es ist jeden Abend bis 10 Uhr geöffnet. Zu Fuß brauche ich nur eine Viertelstunde von zu Hause.
The sports centre stays open until _____ o'clock.
It takes her _____ minutes to get there

General

At General level, the language will be spoken slightly more quickly and the comments or pieces of conversation will be longer. Your answers will range from ticking a box to writing longer notes. Here is an example from a General Listening paper.

Introduction: You are going with your pen friend, Thomas, to visit his cousin, Gisela, in Hameln.
Du fährst mit deinem Brieffreund Thomas nach Hameln. Dort besucht ihr seine Kusine Gisela.
Question (i) You arrive at the station. Thomas asks about the train departure times to Hameln. Tick the correct departure time and platform.
(a) Departure time: 10.45   11.15   11.45
(b) Platform   5   7   9
Der nächste Zug nach Hameln fährt gleich um 10.45 Uhr von Gleis 7 ab. Sie müssen sich aber beeilen.

Question (ii) Gisela tells you about where she lives. Write three things she says.
Wir wohnen auf dem Land. Es dauert ungefähr zwanzig Minuten, bis wir da sind. Das Haus liegt direkt an einem schönen kleinen See. Dort kann man prima angeln gehen.

Credit

At Credit level, the language and language content are more challenging. The extracts will be longer (sometimes up to six sentences) and the topics of conversation more thought-provoking. Your answers at Credit level will always consist of writing notes. Here is an example from a Credit Listening paper.

Introduction: During the summer you spend two weeks at an international summer school for young people in Munich.
Während des Sommers besuchst du zwei Wochen lang eine internationale Sommerschule für Jugendliche in München.
Question 1: During the week you will be working in pairs. The leader sets you a task for the following day.
What is the task? Write **two** things.
Ihr beide werdet zusammen arbeiten. Morgen geht ihr auf die Straße. Ihr macht eine Umfrage. Ihr sollt zwanzig verschiedene Leute fragen, was sie für die Umwelt tun.

Question 2: At the meal, Matti, one of your friends, tells you why he is at the summer school. Why is Matti here? Write two things.
Ich bin hier, um mein Deutsch zu verbessern. Ich suche zur Zeit eine Stelle als Verkäufer bei einer Exportfirma in Helsinki. Sprachkenntnisse sind für solche Stellen besonders wichtig.

Remember: at the end of the Listening papers at all levels, you will have 5 minutes to look over your answers. Try not to leave any blanks.

Reading

There is a Reading paper at Foundation, General and Credit levels at Standard Grade. The grade for reading accounts for 25% of your final award. Reading papers at all levels form part of the Standard Grade final examination.

Format: the German used in all the Standard Grade

Reading papers will be 'real' German, that is, it will be taken from real German sources: magazines, newspapers, brochures, menus, etc. Questions and answers are in English. You will be allowed to use a dictionary in all Reading tests. The following examples give you an idea of the type of question and language used at each level. Questions will often also include pictures which can help your understanding of the extract. There is not enough space in a book like this to reproduce the questions in full with illustrations. Your teacher will give you the opportunity to work with a wide range of different reading material in class.

Foundation

As in the Listening papers, the Reading paper begins with a short introduction describing a simple situation, for example you are on holiday in Germany with your family. The material at Foundation level ranges from advertisements, pages from brochures, menus, signs, etc. often including pictures or diagrams, and requires you to extract basic information such as prices, times, days of the week and instructions. You will be required either to write short notes or to tick boxes. When writing answers in note form you must be careful to make sure that the answer is clearly expressed.

Here is an example from a Foundation Reading paper.

Introduction: You are spending two weeks in Hamburg on a school exchange. One day you look at the local newspaper.
Question: You read the weather forecast in the newspaper.

> Wettervorhersage für morgen:
> Im Norden bedeckt mit Schneefall. Im Westen stark bewölkt mit Regenschauern. Im Süden weiterhin sonnig.

(a) In which part of the country will the weather be best? Tick the correct box.
   In the north   ☐ ☐
   In the west   ☐ ☐
   In the south   ☐ ☐
(b) What will the weather be like in the west?

General

The texts at General level will be longer. Your answers will include ticking boxes, finishing sentences and giving reasons for, or explanations of, information in the extract. Here is an example.

Introduction: You are staying with your German pen friend. One morning you look at a magazine your friend has helped to produce at school.
Question: A girl called Margarete talks about a part-time job she has at McDonald's.

> Ich arbeite schon seit zwei Jahren bei McDonalds. Ich bin einfach hingegangen und habe gefragt, ob 'was frei ist, und sie haben gesagt, okay, fang bei uns an. Wir sind ein gutes Team. Vier an der Kasse, vier in der Küche. Seit sechs Monaten bin ich jetzt Schichtführerin. Das heißt, ich bediene nicht mehr die Gäste. Ich passe nur auf, dass alles gut läuft.

(a) How did Margarete manage to get the job at McDonalds?
(b) How has her job changed in the last six months? Write **two** things.

Credit

The texts at Credit level are longer – normally complete articles from German magazines or newspapers and sometimes poems or songs. They cover a wide range of more serious topics such as environmental issues, interviews or descriptions of well-known people, world affairs etc. There are generally five or six questions which require details, explanations, reasons etc. You must be very careful at Credit level to express your answers clearly, incorporating all relevant information. Here is an extract from one question.

Introduction: Your German pen friend has sent you a magazine to read.
Question: This article is about the kind of role models young people have.

> **Hast du ein Vorbild?**
> Für viele junge Leute ist der Lieblingssportler ein Vorbild, für andere der Lieblingssänger.
> Aber für uns alle waren unsere Eltern die ersten Vorbilder. Wie man läuft oder wie man spricht, das alles lernen wir von den Eltern!
> Wenn wir größer werden, kommen andere Vorbilder an die Stelle der Eltern.
> Diese Vorbilder suchen wir uns nach Eigenschaften aus, die wir selbst gern hätten: Gutes Aussehen, Kraft, Erfolg, Geduld.

(a) Parents are our first role models. What do we learn from them? Write two things.
(b) How do we choose our role models when we are older?

Remember this is just one section of the question.

Writing

There is a Writing paper only at General and Credit levels in the Standard Grade exam. As mentioned above, this paper is optional. You must discuss with your teacher whether or not you are to be entered for the Writing paper. The grade you are awarded for writing is a separate award and is not included in the calculation of your overall award. Writing papers at both levels form part of the Standard Grade final exam. You will be allowed to use a dictionary in the writing tests.

General

The General level writing paper begins with a brief outline of an everyday situation in English. There will normally be five questions. In each question you will be instructed in English to write a few sentences in German based on the introduction, e.g. writing a postcard, making notes in a diary, filling in a form etc. You will be writing your answer within a box, therefore your answer will be quite brief and the number of words will not be specified. Here is an example from a General Writing paper.

Introduction: As part of a school project, your class is exchanging information with a school in Germany. Each pupil in the class has a German partner.
Question (1) In this section, you ask your partner about school subjects. You could ask what subjects they take, what their favourite subject is, what they don't like studying, what the teachers are like, etc. Write at least **three** sentences.
Question (2) The German school is planning a visit to Scotland in three months' time. Write about what there is to see and do in your area. Write at least **three** sentences.

Credit

At Credit level a brief introduction in English is followed by a piece of German – normally a set of young German people's comments on a particular topic, e.g. pocket money, leisure interests, school, etc. Using these comments to help you, you will be required to write approximately 200 words in German expressing your own opinions on the same subject. You will be guided by some additional questions in English.

Here is a brief extract from a Credit Writing paper.

Introduction: The following young people were asked about their summer holiday plans.

> **Im Juni fahre ich nach Dänemark. Ich verbringe zwei Wochen dort. Ich habe vor, in Jugendherbergen zu übernachten. Ohne Eltern! Das wird echt super sein.**
> **Konrad 16 Jahre**
>
> **Dieses Jahr fliege ich zum ersten Mal mit meinen Eltern in die Türkei. Es soll unheimlich warm sein und ich hoffe, den ganzen Tag am Strand zu faulenzen. Leider wird mein Vater Volleyball und Tennis spielen, und meine Mutti wird bestimmt wandern gehen. Sport und Wandern mag ich nicht.**
> **Ramona 15 Jahre**

Now it's your turn!
Here are some questions you may wish to consider. You do not have to use all of them, and you are free to include other relevant ideas.

– Where do you usually go on holiday?
– What do you plan to do this year?
– Are you going away or staying at home?
– How will you spend the time?
– With whom?
– Where?

Write about 200 words in German.

2 Preparing for the exam

Although it helps to know what you are likely to be faced with on the day of the exam, another way to increase your confidence and to help you show what you can do is to prepare thoroughly and effectively. And your preparation can begin months before the exams begin.

PRACTISE!

German to Standard Grade contains examples of the different activities listed above to give you plenty of practice in the types of task you might be asked to complete in the exam. Activities generally focus on one skill area and *skill focus boxes* identify strategies which will help you complete the tasks effectively. These strategies will also help you when in the exam.

PRACTISE OFTEN!

Try and find the time to practise as often as possible. The following tips are all useful for learning, remembering and revising.

- **Read** as much as possible. Ask your teacher if you can borrow magazines. Using your dictionary and your own knowledge of current affairs, you will quickly learn to identify key points.
- **Listen** to the radio. You could tune into the German station *Die Deutsche Welle* (6075KHz) or listen to the German programmes on the World Service of the BBC (848 KHz). Watch German television: RTL and SAT 1 are both German television channels which are available on satellite and cable television.
- **Speak** German with your friends. Prepare role plays together. Practise asking and answering questions. Record yourself and listen to your pronunciation. Then re-record yourself. Try and sound as German as possible.
- **Write** letters to a penfriend. Find pictures in newspapers and magazines and write captions in German. The pictures can help you remember key words and phrases.
- **Grammar** practice of key structures is provided in each unit of *German to Standard Grade*. As with other areas of language learning, a little practice often will really help you learn.
- **Learn** new words. Practise different activities to try and find the most effective way for you to learn. Below are some suggestions. Try and add more.

– Some people learn new words by writing lists in German, with the English equivalent written beside it. Cover up the English and see how many you can understand. Now cover up the German. How many can you say in German? Time how long it takes for you to say each of the words or phrases in German. Then try again. Can you beat your own time?
– Some people learn more effectively by using pictures to help them remember words. Draw your own symbols or pictures. Cover the pictures. Can you say the words or phrases in German?
– Building word families can help to learn new words and to extend your vocabulary.

```
                        Ich spiele Tennis
            DER SPORT
Montags gehe ich         Es ist wichtig in
zum Schwimmbad           meinem Alter, fit zu
                         sein
```

- **Dictionary use** You will be allowed to use a dictionary in the Reading and Writing papers. Of course, you can also make use of one when preparing for a Speaking assessment. It is important that you feel confident in using a dictionary and don't waste time either misusing it or over-using it.

- **Reading** When reading a German text, don't be tempted to look up every single word. You don't need to understand every word. Some you will be able to work out: perhaps they look like English words, or the pictures or context make the meaning clear. Use your dictionary only to confirm the meaning of the word or to find the meaning of a key word that you cannot guess. When looking up more unusual word pairs, always look for a more familiar key word.

  For example, to check the meaning of the word *Umweltverschmutzung* look up the key word *Umwelt* and carefully check through the dictionary entry until you come across the meaning – (environmental) pollution.

  > **Umwelt** I. *f-/no pl* environment II. *comb.fm.* environmental (factor, question, etc); Biol: etc: ecological (policy etc.) **umweltfreundlich**, *adj.* harmless to the environment. **Umweltschutz** *m* conservation **Umweltschützer** *m* conservationist **Umweltverschmutzung** *f* (environmental) pollution

- **Writing** When you look up the German equivalent of an English word, e.g. 'tip'(money given to a waiter), first look in the English–German section of the dictionary. Then cross-check in the German–English section to make sure that you have identified the correct form of the word so it's *Trinkgeld* not *Spitze*.

PLAN!
The strategies listed above will help you throughout the year as you prepare for Speaking assessments and work towards the exam. It is a good idea to have a revision programme. Your prelim exams provide an opportunity for a trial run of your revision programme.

- Set aside some time every day to revise German. 30–40 minutes will be plenty. A little revision every day is more effective than one day a week. Prepare revision cards. For example, when revising the Family topic area, make one card for each person. Write his/her name and who he/she is (e.g. brother) on one side and then key words for talking about him/her on the other e.g. *sechzehn Jahre alt, dunkelbraune Haare, Student*, etc. Practise talking about each person. Look only at the name and see how much information you can give without looking at the key words. Check how well you did and then try again.
- Ask your teacher if s/he can copy items from your coursebook onto a cassette for you. Listen and complete the activities in a set time. Practise listening without writing anything. Listen again and then write the answers.
- Practise doing reading activities. Try to complete them in a set time. If you take too long, you are probably trying to understand too much and looking up too many words in the dictionary. Practise identifying only the key information.
- After the prelim exams, take time to evaluate your revision programme. Was it effective? What will you change, if anything when you prepare for the next Speaking assessment and for the final exam?

3 On the day…

And finally, a list of tips to help you on the day.

- Before each paper begins, take a deep breath. This is particularly important in the Listening test. You need to be ready to listen.
- Read the questions carefully. In the Listening and Reading papers, the questions help you to focus on what you need to understand.
- Don't be tempted to over-use the dictionary. Your time is limited. Only use it when you really have to.
- In Speaking assessments, as in the Writing papers, if you can't remember a word, don't panic! Try and remember where and how you learnt it. If you used pictures to help you to learn, try to visualise the picture and then the word. If you still can't remember, try and use another word, or describe what it is you are trying to say.
- Take time in the Writing test to read and check what you have written.

We hope that this Standard Grade Exam fact file has helped you to understand all the details of the Speaking assessments and the final exam. You should talk to your teacher if there is anything else you want to know.

Sport und Gesundheit 1

1 Welchen Sport beschreiben Miriam, Sven und Tim?
Which sports are Miriam, Sven and Tim each describing?
- a NISNET
- b SBLUSFLA
- c IRTEEN

2 Wer bestellt was?   Which meal do Markus and Susi each choose?

Markus   a   b   c

Susi   a   b   c

3 Anne lebt gesund
1 When did Anne decide to become a vegetarian?
2 What did her mother say about this?
3 Which two healthy foods does she eat a lot?
4 What else does she do to stay fit? Give two details.
5 What do Anne and her father do together?
6 Which food does she not like?

4 Vegetarier
Why is Katje a vegetarian? Give five reasons. Which is the most important?

In the exam, you can only listen twice but at this stage listen as many times as you need to.

13

5 Fragen zum Bild

Du bist dran

1. Treibst du gern Sport?
2. Was für Sportarten treibst du gern/nicht gern?
3. Wie oft machst du das?
4. Spielst du für eine Schul- oder Vereinsmannschaft?
5. Was für Sport siehst du gern?
6. Wie kommst du zur Schule?
7. Was ißt du gern / nicht gern?
8. Was trinkst du gern / nicht gern?
9. Ißt du gern Fast Food? Warum? / Warum nicht?
10. Was meinst du? Vegetarisch essen – ja oder nein?

- Look at the picture.
- Talk about a relative who plays each sport.
  Beispiel: Meine Mutter macht Gymnastik. Sie ist sehr fit!
- Interview your partner. Prepare a talk about yourself.

If you don't understand a word, make the best guess you can from the context.

6 Partnerarbeit

Look at the symbols and prices. Make up new dialogues. Use speedy calculations!

A Bitte schön?
B Ich möchte ......
A Mit oder ohne?
B
A Das macht ......

Currywurst 3,00
Kartoffelsalat 3,00
Pommes 2,00
Frikadelle 3,00
½ Hähnchen 4,50
Mayo/Senf/Ketchup 0,50

Sport und Gesundheit

1

7 Partnerarbeit

Im Restaurant
Take turns to be the waiter/waitress (A) and customer (B)
Make up new dialogues.

A Bitte sehr?

B

A Und möchten Sie etwas zu trinken?

B

A Hat es Ihnen geschmeckt?

B

A Haben Sie noch einen Wunsch?

B

8 Partnerarbeit

Beim Arzt
- Guten Morgen. Was fehlt Ihnen?
- Ich habe Kopfschmerzen.
- Seit wann haben Sie Kopfschmerzen?
- Seit zwei Tagen. Haben Sie etwas dagegen?
- Ich verschreibe Ihnen Tabletten.
- Wie oft soll ich sie einnehmen?
- Nehmen Sie die Tabletten dreimal täglich mit Wasser nach dem Essen.
- Danke schön.

Take turns at being doctor and patient. Adapt the dialogue.

| Kopfschmerzen | Tabletten | Magenschmerzen | die Salbe | Halsschmerzen |
| das Medikament | Heuschnupfen | Hustenbonbons | Fieber |

15

9 Welches Menü paßt zu welchem Restaurant?

Match the menus to the correct restaurants.

1
Schoko-Sahne-Becher DM 4,20
Vanilleeis mit heißen Himbeeren DM 5,50
Bananensplit (m. Bananeneis) DM 4,80

2
Bratwurst DM 3,80
Currywurst DM 4.-
Hamburger DM 4,90
Pommes frites DM 2.-

3
Wiener Schnitzel (m. Nudeln und Salat)   DM 11,20
Jägerplatte (versch. Fleisch)   DM 15.-
Filetsteak mit Bratkartoffeln   DM 21,50

4
Gemüseauflauf (mit Tofu)   DM 8,20
Vegetarische Pizza   DM 10.-
Vollkorn-Müslikekse (6 St.)   DM 5,50

a Müslistube
b Eisdiele Agnoli
c Restaurant Waldesruh
d Egons Imbißstube

10 Der Comic ist durcheinandergeraten

Write out the picture numbers in the correct sequence.

1. Hmm... ich gebe Ihnen einen Verband und Tabletten für die Schmerzen. Au!

2. Auf Wiedersehen! Auf Wiedersehen!

3. Kommen Sie morgen wieder! Danke, Herr Doktor! Rezept

4. Guten Tag, Herr Doktor! Guten Tag! Was fehlt Ihnen? Mein Knie tut weh!

16

Sport und Gesundheit

11 Sport und Risiko

Which order of sports accidents is correct?   a   b   c

Sport und Risiko

Sport ist gesund – oder etwa nicht? Eine Studie des deutschen Freizeit-Verbandes ist jetzt zu folgendem Ergebnis gekommen: Manche Sportarten sind gefährlich – die Liste der Verletzungen reicht dabei von Arm- und Beinbrüchen bis zu schweren Kopfverletzungen. Die Nummer eins der „Unfall-Hitparade" in Deutschland sind die Wintersportarten (Skilaufen). An zweiter Stelle steht der Lieblingssport der Deutschen, Fußball. Und welche Sportart ist am wenigsten gefährlich? Das Schwimmen, meint die Studie – im Wasser sind Sportler am sichersten.

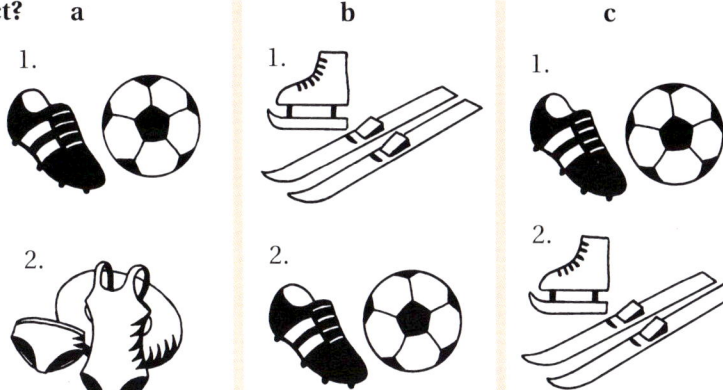

12 Mach Notizen zu dem Artikel

Henry Maske – Boxer mit Köpfchen

ER PASST eigentlich gar nicht in die Welt des Profiboxsports. Der Ostdeutsche Henry Maske, der am Wochenende durch einen Sieg über den Amerikaner Charles Williams Weltmeister im Halbschwergewicht wurde, entspricht ganz und gar nicht dem negativen Image, unter dem diese Sportart seit Jahren in Deutschland leidet. Und doch könnte er zu einer neuen Symbolfigur werden, so wie Max Schmeling, mit dem er heute schon verglichen wird. Der 29jährige, der verheiratet ist und eine kleine Tochter hat, wurde nach dem Fall der Mauer 1990 Boxprofi. Sein Trainer ist immer noch sein alter Freund Manfred Wolke. Henry Maske gehörte schon als Amateur zu den erfolgreichsten Boxern der Welt. Europameister 1985 und 1987, ein Jahr später Olympiasieger in Seoul, und 1989 Weltmeister – das reichte in der DDR zur Ernennung zum Oberleutnant der Nationalen Volksarmee und zu einer Wohnung in einer Hochhaussiedlung in Frankfurt/Oder, wo er heute noch wohnt.

Sein Sprung ins Profilager wurde von Experten ziemlich skeptisch beurteilt. Ein Boxer mit Abitur (sein größtes Hobby ist Lesen) – so etwas hatte es bis dahin noch nicht gegeben, und so etwas konnte man sich in der Branche auch gar nicht vorstellen. Seinem eleganten Boxstil gab man ebenfalls nicht viel Zukunft. „Gentleman Henry" wurde er genannt, was in der Boxszene nicht als Kompliment zu werten ist.

Doch jetzt hat er seinen Kritikern gezeigt, daß es nicht darauf ankommt, seinen Gegner brutal k.o. zu schlagen – „Gentleman Henry" zeigt, daß man auch beim Boxen mit Köpfchen und Intelligenz gewinnen kann.

Name:
Age:
Married/single
Children:
Achievements:
Education:
Hobby:
Nickname:
etc.

Write notes about this champion boxer.

13 Was für Sportarten kann man an deiner Schule machen?

Write five sentences and prepare a talk about sports at your school.

Making lists helps you to remember 'families' of words which belong together.

14 Du hast diese Anzeige in einer Zeitung gesehen

Nichts zu tun in den Sommerferien?
Komm doch zur SPORTSCHULE WAGNER.
Welchen Sport treibst du gern?
Wir können das arrangieren!
Tel: 0593 98 76 98

Find out more!
Write five questions.

15 Eine Umfrage

Your partner school is doing a survey on fast food.
Complete the questionnaire in German.
Write as much as you can!

Read the questions carefully.

Umfrage: Fast Food

- Wie oft gehst du zum Fast Food-Restaurant?
- Was ißt du normalerweise?
- Was trinkst du?
- Mit wem gehst du hin?
- Wieviel Geld gibst du aus?
- Was findest du gut an Fast Food-Restaurants?
- Was findest du nicht so gut an Fast Food-Restaurants?

Vielen Dank für deine Hilfe!

16 Lebst du gesund oder ungesund?

Write three more sentences (in German) under each heading. Compare them with your partner's lists.

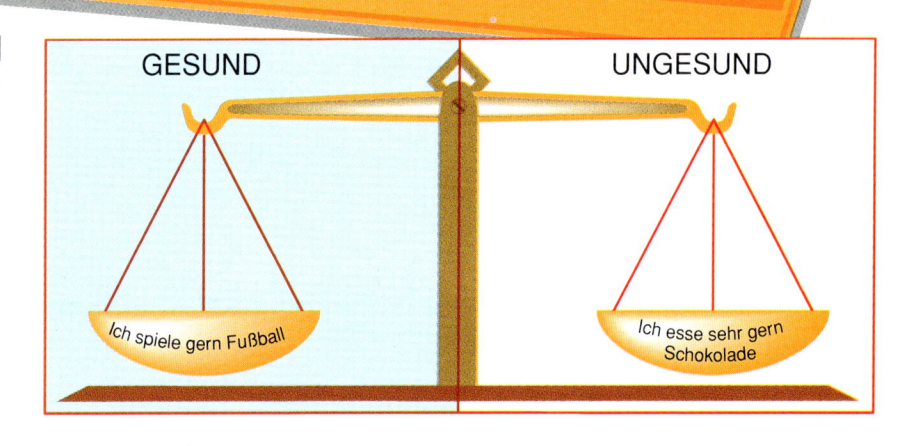

GESUND — Ich spiele gern Fußball

UNGESUND — Ich esse sehr gern Schokolade

Sport und Gesundheit

Zum Üben

(see Grammar summary page 119, sections 3 & 5)

1 Kennst du die richtigen Personalpronomen?

Write out the sentences using the correct personal pronoun.

Beispiel: Susi (16 Jahre alt) → Sie ist 16 Jahre alt.
1 Tanjas Kleid (rot-weiß)
2 Thomas (einen Computer kaufen)
3 Susis Fahrrad (drei Jahre alt)
4 Karin und Ulf (ins Kino gehen)
5 Meine Freundin und ich (machen gern Sport)
6 Katjas Jacke (sehr schön)

2 Schreib die Tabelle in dein Heft und füll sie richtig aus!

Copy and complete the grid.

Nominativ	Akkusativ	Dativ
ich		
du		
er/sie/es		
wir		
ihr		
sie		
Sie		

3 Schreib Sätze mit den richtigen Personalpronomen

Complete the sentences using the correct personal pronoun and verb.

Beispiel: Ich (du – sehen) → Ich sehe **dich**.

1 Er (*ich* – besuchen)
2 Wir (*wir* – kennen – schon lange)
3 ! (*ich* – geben – Buch)
4 Ich (*er* – gehen – ohne)
5 Wie? (*er* – es gehen)
6 Sie (*ich* – mögen)

4 Dick, dicker, am dicksten

Write sentences which make comparisons between the people and things below.

Beispiel: (dick)
a Martin
b Tom
c Uwe

Martin ist dick. Tom ist dicker. Uwe ist am dicksten.

1 (schnell)
a Ina
b Tanja
c Susi

2 (groß)
a Stefan
b Kai
c Ute

3 (ordentlich)
a Jan
b Tom
c Martin

4 (faul)
a Conny
b Katrin
c Sina

5 (billig) a 1,85 DM   b 1,40 DM   c 1,–DM

Vokabeln

Siehe auch S. 68 und 92

*In this and subsequent vocabulary sections, the words and phrases are arranged in topics and divided into lists of: nouns; adjectives/adverbs; verbs; phrases. Nouns are given with their gender (**der, die, das**) and their plural form, where useful. Verbs are given in their infinitive form and prefixes of separable verbs are printed in bold type.*

Sportarten — *Types of sport*

Basketball	basketball
Federball/Badminton	badminton
Fußball	football
Handball	handball
Rollschuhfahren	rollerskating
Schwimmen	swimming
Tennis	tennis
Tischtennis	table tennis
die Mannschaft	team
das Sportzentrum	sports centre
der Verein	club
billig	cheap
kostenlos	free of charge
teuer	expensive
(Fußball) spielen	to play (football)
(Sport) treiben	to play/do (sport)
Treibst du gern Sport?	Do you like (doing) sport?
Was für Sportarten treibst du gern?	Which kinds of sport do you like doing?

Beim Arzt — *At the doctor's*

der Bienenstich	bee sting
das Hustenbonbon	cough sweet
das Medikament	medicine
das Risiko	risk
die Salbe	ointment
der Schmerz(-en)	pain
der Sonnenbrand	sunburn
die Tablette(-n)	tablet
der Unfall(¨-e)	accident
der Verband	bandage
die Wespe(-n)	wasp
nehmen	to take
sich sonnen	to sunbathe
verschreiben	prescribe
Was fehlt dir/Ihnen?	What's wrong with you?
Ich habe Kopfschmerzen	I've got a headache
Magenschmerzen	a stomache ache
Halsschmerzen	a sore throat
Zahnschmerzen	toothache
Heuschnupfen	hayfever
Fieber	a temperature
Mein Kopf tut weh	My head hurts
Meine Augen tun weh	My eyes hurt
Haben Sie etwas dagegen?	Do you have anything for it?
Seit wann haben Sie Kopf-/Zahnweh?	How long have you had a headache/toothache?
seit zwei Tagen	for two days
seit gestern/letzter Woche	since yesterday/last week
seit letztem Montag/heute morgen	since last Monday/this morning
einmal/zweimal täglich	once/twice daily
vor/nach dem Essen/einer Dusche/einem Glas Wasser	before/after meals/a shower/a glass of water

Essen und Getränke — *Food and drink*

der Apfelsaft	apple juice
die Banane(-n)	banana
die Bratkartoffel(-n)	fried potato
die Bratwurst	fried sausage
die Cola	coca cola
die Currywurst	curried sausage
das Eis	ice cream
der Eisbecher	ice cream sundae
die Frikadelle(-n)	rissole
das Fleisch	meat
das Gemüse	vegetables
das Hähnchen	chicken
der Hamburger	hamburger
die Himbeere	raspberry
der Kaffee	coffee
der Kartoffelsalat	potato salad
der Keks	biscuit
der Kellner(-)	waiter
die Kellnerin(-nen)	waitress
die Mayo	mayonnaise
das Mineralwasser	mineral water
das Müsli	muesli
die Pommes frites *(pl)*	chips
die Rechnung	bill
der Reis	rice
die Sahne	cream
der Salat	salad
der Schinken	ham
der Senf	mustard
das Vollkornbrot	wholemeal bread
der Wein	wine
das Wiener Schnitzel	veal escalope Viennese style
die Wurst	sausage
Bitte schön?	How can I help you?/What would you like?
Ich möchte …	I'd like …
Hat es Ihnen geschmeckt?	Did you enjoy your meal?
Haben Sie noch einen Wunsch?	(Would you like) anything else?
(un)gesund	(un)healthy
Ich bin Vegetarier(-in)	I'm a vegetarian

Schule 2

1 Hör den Beschreibungen zu

Listen and complete the crossword. *Beispiel : 7 Die freie Zeit in der Schule = Pause*

2 Richtig oder falsch?

True or false? Listen to the interview

		true	false
1	Maths is Philips favourite subject	☐	☐
2	He has six periods of maths a week	☐	☐
3	He is in the tenth class	☐	☐
4	He does not like French	☐	☐
5	He has seven periods on Mondays	☐	☐
6	School starts at eight o'clock	☐	☐
7	He usually plays football at interval	☐	☐
8	He does his homework in the evenings	☐	☐
9	He says 'school is sometimes stressful'	☐	☐
10	Philip would like to become a doctor	☐	☐

Read the questions carefully before listening to the cassette.

3 Schule in Deutschland und Schule in Großbritannien

Listen and note down five differences eg: transport, clothes, lunch, etc.

4 Fragen zu den Bildern

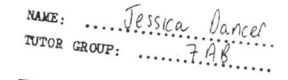

Look at the timetables. On which day...
1 does Sabine have French in the fourth period?
2 does Sabine have a double period of Home Economics?
3 and in which period do Sabine and Jessica both have English?
4 Which foreign languages does Sabine study?

Großbritannien oder Deutschland?
Which nationality are these pupils?

- Ich habe den ganzen Nachmittag frei.
- Schule beginnt um acht Uhr.
- In der Mittagspause esse ich in der Kantine.
- Wenn ich schlechte Noten bekomme, bleibe ich sitzen.

Du bist dran

1 Was für eine Schule besuchst du?
2 Was ist dein Lieblingsfach? Warum?
3 Wann beginnt und endet die Schule?
4 Beschreib deine Schuluniform.
5 Wie findest du deine Uniform?
6 Was möchtest du lieber tragen?
7 Was findest du gut / nicht so gut in der Schule?
8 Beschreib deinen Lieblingslehrer / deine Lieblingslehrerin.
9 Warst du schon in einer deutschen Schule?
10 Was ist besser – Schule in Schottland oder in Deutschland? Was meinst du?

Schule 2

5 Partnerarbeit

Find out the missing subjects by asking your partner.

Beispiel:
A Was haben wir am Montag in der zweiten Stunde?
B Geschichte. Und was haben wir am Montag in der dritten Stunde?
A Englisch.

Partner B timetable page 26

Montag	Dienstag	Mittwoch	Donnerstag	Freitag	Samstag
Naturwissenschaften		Religion	Geschichte		frei
	Mathe	Naturwissenschaften		Mathe	Deutsch
Englisch		Naturwissenschaften			
Mathe	Englisch		Naturwissenschaften	Erdkunde	Französisch
	Französisch	Sport		Deutsch	frei
frei		Sport	Englisch	frei	frei

6 Was hast du verloren?

You are at the lost property office.
Partner A has lost something.
Partner B has to ask questions and guess what it is.

Beispiel:
A Guten Morgen. Können Sie mir helfen, bitte?
B Ja. Was hast du denn verloren?
A ……
B Wann und wo?
A ……
B Kannst du ihn/sie/es beschreiben?
A ……
B Ist das dein(e) …… ?

Keep a note of key phrases used for future use.

7 Ein Interview

You are interviewing a German pupil about a typical school day. Add questions of your own. Record the interview if possible. Write a description in German of a typical school day for you.

> If you need someone to repeat something they've said, you can use a variety of expressions.

Beispiel:
Wann stehst du auf?
Was ziehst du an?
Was trägst du?
Was ißt du zum Frühstück?
Wie fährst du zur Schule?

Wie bitte?
Wiederhole / Wiederholen Sie bitte!
Kannst du / Können Sie die Frage wiederholen?
Noch einmal bitte.

8 Welches Wort paßt nicht?

Find the odd word out.

1 a Mathematik   b Physik   c Lehrerin   d Biologie
2 a Unterricht   b Pause   c Stunde   d Schuljahr
3 a Deutsch   b Englisch   c Informatik d Französisch
4 a Schultasche   b Note   c Zeugnis   d Aufsatz

9 Was möchte Frank?

Summarize Frank's problems.

a *Abiturzeugnis*

„Was soll ich machen?"

„Ich bin 16 Jahre alt und gehe in die 10. Klasse des Gymnasiums. Meine Eltern wollen unbedingt, daß ich das Abitur mache. Aber ich bin dafür einfach nicht geeignet! Seit drei Jahren habe ich in allen Fächern Nachhilfe-Unterricht. Trotzdem schreibe ich eine Sechs nach der anderen, obwohl ich bis spät in die Nacht lerne. Ich möchte so gerne nach der mittleren Reife KFZ-Mechaniker werden. Aber meine Eltern sehen nicht ein, daß ich das Gymnasium nicht schaffe! Bitte hilf' mir – ich bin so verzweifelt!"

Frank aus Deutschland

b

c

10 Die Schule vor 100 Jahren

Make notes in English on
- the classroom
- teaching methods
- pupils' behaviour
- school uniform

Omas Schule für Schüler von heute

In Nürnberg (Süddeutschland) gibt es das erste deutsche Schul-Museum! In einem original Schulhaus aus dem 19. Jahrhundert können Schüler dort hautnah erleben, wie der Schulalltag ihrer Großeltern aussah. Seit Eröffnung des Museums kommen jede Woche über 200 Besucher in die alte Schule. Frauke Niedahl, die Leiterin, erklärt den Erfolg ihres Museums so: „So ein Museum ist natürlich nicht nur für Schüler interessant - es kommen auch viele ältere Besucher, die sich an ihre Schulzeit erinnern möchten." War Schule denn so viel anders vor 100 Jahren? „Auf jeden Fall", erklärte Frauke Niedahl. „Es gab in dieser Schule zum Beispiel nur einen Klassenraum für alle Schüler und Schülerinnen. Der Lehrer oder die Lehrerin unterrichtete die verschiedenen „Klassen" alle zur gleichen Zeit. In anderen Schulen gab es nur Mädchen- oder Jungenklassen." Und wie sah der Unterricht damals aus?" „Anders!" lacht Frauke Niedahl. „Der Lehrer hat meist nur vorgelesen, und die Schüler mußten mitschreiben. Selbständiges Lernen gab es damals nicht - die Schüler antworteten nur, wenn sie gefragt wurden. Der Unterricht war damals auch viel strenger. Disziplin war sehr wichtig. Die Schüler mußten artig und höflich sein: Sie mußten aufstehen, wenn sie dem Lehrer antworteten. Wer frech war, der bekam Prügel!" Und was trugen die deutschen Schüler vor 100 Jahren? Schuluniformen - die Jungen trugen blaue Matrosenanzüge, und die Mädchen mußten lange weiße Kleider tragen.....

Schule 2

11 Für oder gegen?

Which of these statements are for (dafür) and which are against (dagegen) separate schools for boys and girls?

Read the questions carefully.

a Sie lernen nicht, mit Jungen „normal" umzugehen.
b Schülerinnen aus Mädchenschulen haben einen schlechteren Start im „richtigen Leben".
c Ohne Jungen lernen Mädchen mehr.
d Jungen werden im Unterricht mehr beachtet als Mädchen.
e Schülerinnen von Mädchenschulen haben bessere Chancen beim Studium.
f Jungen geben Mädchen keine Chance, in „typisch männlichen Fächern" gut zu sein.

Match the English explanations below with the German comments.
Beispiel: **b** *Sie lernen nicht, mit Jungen „normal" umzugehen.*
3 For girls without brothers, school is their only opportunity ...

1 They intimidate girls by saying 'that's not for girls'.
2 According to research carried out by Düsseldorf university, 80% of female students in science subjects come from girls' schools.
3 For girls without brothers, school is their only opportunity to have any social contact with boys.
4 They are not afraid to ask 'stupid' questions and can work at their own pace
5 They have no contact with boys at school and they have not learned how to discuss or argue with them. This will make it more difficult for them to stand up to men in a work or study situation.
6 Research carried out in Hessen has shown that boys are listened to in class, twice as often as girls.

12 Du schreibst eine Broschüre auf deutsch über deine Schule

Draw up a plan of your school.
Add the subjects and teachers' names in each classroom.

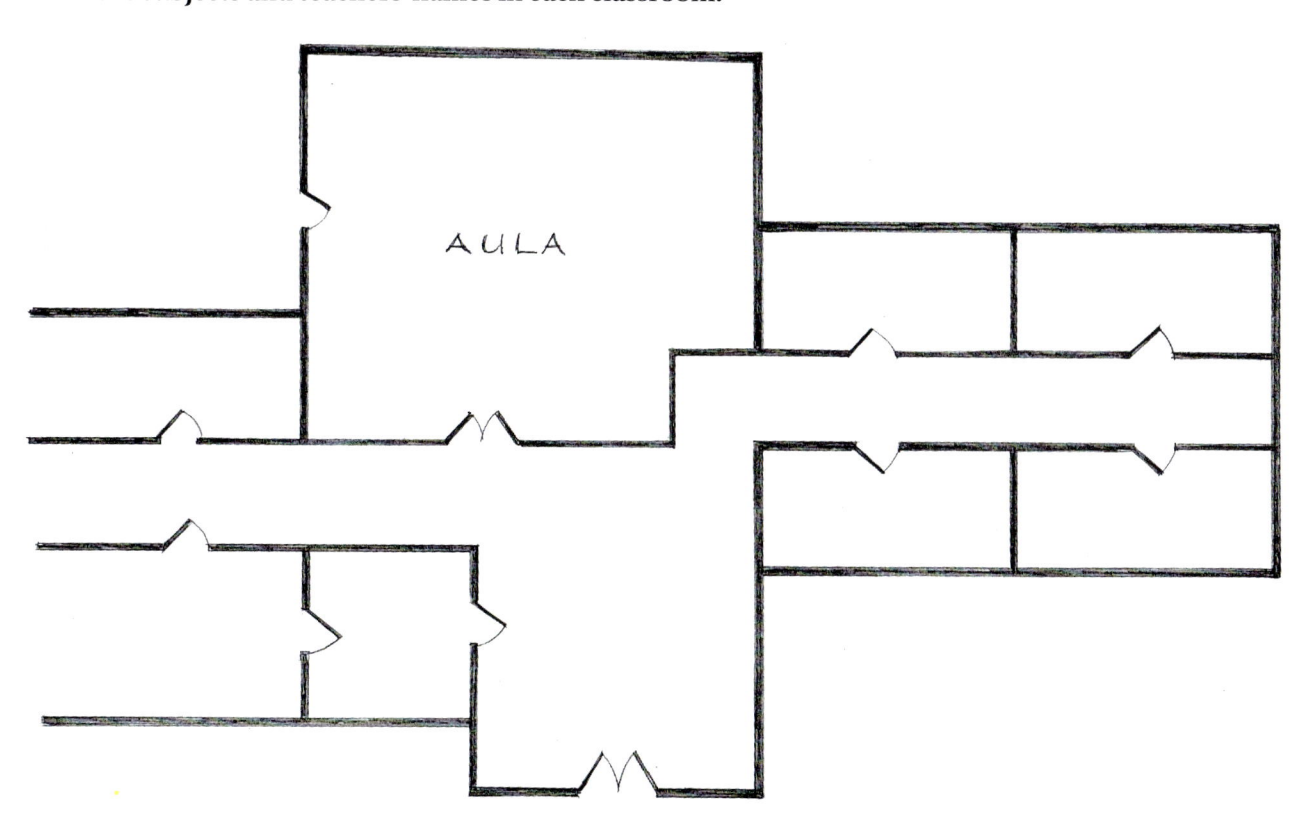

13 Was tragen diese Schüler und Schülerinnen?

Beispiel: Schüler A trägt ...

Describe each uniform in German.
and add a personal comment.

14 Ein Briefpartner schreibt

You have just received a letter from your penfriend.
Write a reply. Remember to answer the questions.

> Wir haben gerade über britische Schulen in der Englischstunde gesprochen. Uniform! Schule den ganzen Tag lang! GCSE Prüfungen! Stimmt das alles? Kannst Du mir schreiben, wie es in einer britischen Schule ist?

15 Was möchtest du nächstes Jahr machen?

What do you hope to do when you leave school?
Prepare a short talk. Record it if possible.

Make sure that you use the correct tense for your description.

5 Partnerarbeit

Partner A timetable page 23

Beispiel:
A Was haben wir am Montag in der zweiten Stunde?
B Geschichte. Und was haben wir am Montag in der dritten Stunde?
A Englisch.

Montag	Dienstag	Mittwoch	Donnerstag	Freitag	Samstag
	Deutsch	Religion		frei	frei
Geschichte			Deutsch	Mathe	
	Erdkunde	Naturwissen-schaften	Mathe	Religion	Naturwissen-schaften
Mathe	Englisch	Musik			
Musik			Französisch		frei
frei	Musik	Sport	Englisch	frei	frei

Zum Üben

Schule 2

(for exercises 1–3 see p.121, p.127; for exercise 4 see p.125)

1 Setz die Wörter zu Sätzen zusammen

Re-order these words to make complete sentences.
Beispiel: dem Lehrer – sie – helfen – soll. → Sie soll dem Lehrer helfen

1 ich – machen – Hausaufgaben – muß
2 darf – er – vorlesen – seinen Aufsatz
3 das Buch – soll – holen – sie
4 er – noch nicht – kann – lesen
5 machen – Abitur – ich – möchte
6 will – sie – gehen – aufs Gymnasium

2 Schreib die Sätze richtig auf

Write out the sentences using the correct form of the modal verb (in brackets).
Beispiel: Ich gehe zur Schule. (müssen) → Ich muß zur Schule gehen.

1 Sie lernt Französisch. (möchte)
2 Wir schlafen heute aus. (können)
3 Wir gehen früher nach Hause. (dürfen)
4 Du machst deine Hausaufgaben. (sollen)
5 Er bleibt nicht sitzen. (wollen)
6 Sie bleiben im Klassenraum. (müssen)
7 Ihr raucht in der Schule. (nicht dürfen)

3 Setz die Sätze in die Vergangenheitsform (Imperfekt)

Put these sentences into the imperfect tense.
Beispiel: Ich muß das Buch lesen. → Ich mußte das Buch lesen.

1 Du mußt das Buch lesen.
2 Wir dürfen das Buch lesen.
3 Er soll das Buch lesen.
4 Ihr möchtet das Buch lesen.
5 Sie können das Buch lesen.

4 Obwohl

Link the two sentences with *obwohl*.

Beispiel:
Ich mag Physik. Ich mag Chemie nicht. → Ich mag Physik, obwohl ich Chemie nicht mag.

1 Englisch macht Spaß. Der Lehrer ist streng.
2 Ich bin sitzengeblieben. Ich habe viel gelernt.
3 Ich habe ein gutes Zeugnis. Ich bin sehr faul.
4 Ich gehe ins Kino. Ich soll für den Test lernen.
5 Ich komme zu spät. Ich habe mich beeilt.
6 Meine Freundin ist besser als ich. Ich lerne mehr.

Vokabeln Siehe auch S.84

Schulfächer / School subjects

Biologie	biology
Chemie	chemistry
Deutsch	German
Englisch	English
Französisch	French
Fremdsprachen	foreign languages
Geschichte	history
Informatik	information technology
Kunst	art
Latein	Latin
Mathe	maths
Musik	music
Naturwissenschaften	sciences
Physik	physics
Sport	P.E.

Schularten / Types of school

die Gesamtschule	comprehensive school
die Grundschule	primary school
das Gymnasium	grammar school
die Hauptschule	secondary modern school
das Internat	boarding school
der Kindergarten	nursery school
die Partnerschule(-n)	partner school
die Realschule	secondary modern school
die Universität	university
die Volkshochschule	adult education centre

Schulalltag / School daily routine

das Abitur	school leaving exam at 18 (equivalent to Highers)
der Aufsatz(¨-e)	essay
die Bibliothek(-en)	library
das Fundbüro(-s)	lost property office
der Direktor	headmaster
die Direktorin	headmistress
die Hausaufgabe(-n)	homework
die Kantine	canteen
das Klassenzimmer(-)	classroom
der Lehrer(-)	teacher(m)
die Lehrerin(-nen)	teacher(f)
das Lehrerzimmer(-)	staffroom
das Lieblingsfach(¨-er)	favourite subject
das Lunchpaket(-e)	packed lunch
die mittlere Reife	school leaving exam at 16 (equivalent to Standard Grades)
die Nachhilfe	private tuition
die Note(-n)	mark
die Pause(-n)	break
die Prüfung(-en)	examination
der Schüler(-)	pupil(m)
die Schülerin(-nen)	pupil(f)
der Schulhof(¨-e)	playground
das Schuljahr	school year
die Schuluniform	school uniform
der Student(-en)	student(m)
die Studentin(-nen)	student(f)
der Stundenplan	timetable
der Test(-s)	test
der Unterricht	teaching/instruction
das Zeugnis	report
die Zukunftspläne	future plans

befriedigend	satisfactory
faul	lazy
fleißig	hard-working
mangelhaft	unsatisfactory
mündlich	oral
pünktlich	punctual
streng	strict
sympathisch	likeable

aufstehen	to get up
ausfallen	to be cancelled
beginnen	to begin
bestehen	to pass (an exam)
bestrafen	to punish
durchfallen	to fail (an exam)
einschüchtern	to intimidate
enden	to end
lernen	to learn
nachsitzen	to do a detention
rauchen	to smoke
sitzenbleiben	to repeat a year
tragen	to wear
unterrichten	to teach/instruct
eine Schule besuchen	to attend a school

Im Klassenzimmer / In the classroom

der Anspitzer (-)	pencil sharpener
der Bleistift (-e)	pencil
das Buch (¨-er)	book
der Computer (-)	computer
das Fenster (-)	window
der Filzstift (-e)	felt tip pen
das Heft (-e)	jotter
der Kassettenrecorder (-)	cassette recorder
der Korb (¨-e)	bin
die Kreide (-n)	chalk
der Kuli (-s)	biro
das Lineal(-e)	ruler
die Mappe (-n)	school bag
der Rechner (-)	calculator
der Schrank(¨-e)	cupboard
die Schultasche(-n)	school bag
der Stuhl (¨-e)	chair
die Tafel (-n)	board
der Tisch (-e)	table
die Tür (-en)	door
die Wand (¨-e)	wall

Freizeit 3

1 Wer trägt was?
Identify each person from their description.

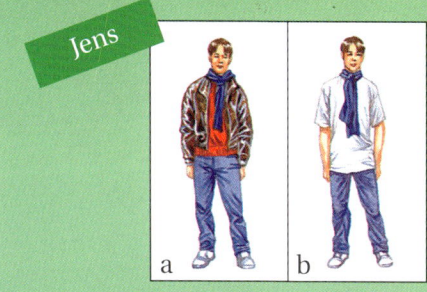

Susi   Jens   Tanja

Look at the pictures and try to predict what you might be going to hear.

2 Wohin gehen Susi und Thomas?
Where do Susi and Thomas decide to go?

3 Sind die Sätze richtig oder falsch?
Listen and tick the correct box.

                                      true   false

1 Tanja
   a Tanja gets DM100 a month pocket money.
   b She saves her pocket money.
   c Tanja also gets money from her grandfather.

2 Johannes
   a Johannes' hobbies cost a lot.
   b He buys a lot of magazines.
   c He sometimes goes to the cinema.

3 Andrea
   a Andrea wants to buy a computer.
   b She gets DM100 pocket money.
   c She thinks the disco is not too dear.

4 Computerspiele
1 Meike says she likes computers. Give two reasons.
2 Why does her boyfriend Thorsten not agree. Give two reasons
3 What physical problem do computers cause Meike?

5 Fragen zum Bild

Look at the picture.
Write a description of Christian's room in German.
Write your own answers to the questions.

Ich finde ...... (nicht) gut.
Weil ....

Du bist dran

1. Was für Hobbys hast du?
2. Was machst du abends nach der Schule?
3. Was hast du letztes Wochenende gemacht?
4. Liest du gern? Was liest du gern? Wie oft?
5. Gehst du gern ins Kino oder leihst du lieber Videos aus?
6. Wie oft siehst du fern? Was für Sendungen siehst du gern?
7. Was für Musik hörst du gern?
8. Spielst du ein Instrument? Seit wann?
9. Bekommst du Taschengeld oder verdienst du?
10. Was machst du mit deinem Geld?

6 Partnerarbeit

What are you doing today?
Adapt the dialogues using the pictures below.

Beispiel:

A Gehen wir heute einkaufen?
B Ja, gern. Wann treffen wir uns?
A Um Viertel nach neun.
B Und wo?
A Am Bahnhof.
B Abgemacht. Bis dann. Tschüs!

Freizeit 3

7 Partnerarbeit

You want to go to the cinema.
Read the dialogue together.
Make up new dialogues using the cinema programme.

- Was läuft heute abend im Kino?
- Rambo 9.
- Was für ein Film ist das?
- Das ist ein Actionfilm.
- Und wann beginnen die Vorstellungen?
- Um 19.30 und 22.00.
- Wie alt muß man sein, um den Film zu sehen?
- Der Film ist frei ab 16.
- Also zweimal für die 19.30 Vorstellung bitte.

KINO AKTUELL
SAVOY FILMPALAST, Graf-Adolf-Straße 108
FORREST GUMP (ab 12 J.) 13.30, 17.00, 20.30
THE FLINTSTONES (frei o. A.) 14.30, 17.45, 20.15
VIER HOCHZEITEN UND EIN TODESFALL (ab 6 J.) 17.00, 20.45, 23.00
TRUE LIES - WAHRE LÜGEN 15.00, 18.15, 22.45

Record your dialogue. Does it sound good to you? Can your friend understand it?

8 Partnerarbeit

Here are two friends' diaries. Choose one each.
Ask each other about your arrangements for the week.
(Partner B page 32)
Beispiel:
Partner A Was machst du am Donnerstag?
Partner B Ich gehe schwimmen.
Partner A Um wie viel Uhr?
Partner B Um vier Uhr. Und du?

JULI 1996
29 Montag — 20.00 Party
30 Dienstag
31 Mittwoch — 14.00–16.00 Tenniskurs

AUGUST 1996
Donnerstag 1
Freitag 2 — 19.45 Kino
3 Samstag — bei Großmutter
Sonntag 4

9 Freizeit in der Stadt

What are these places called in English?

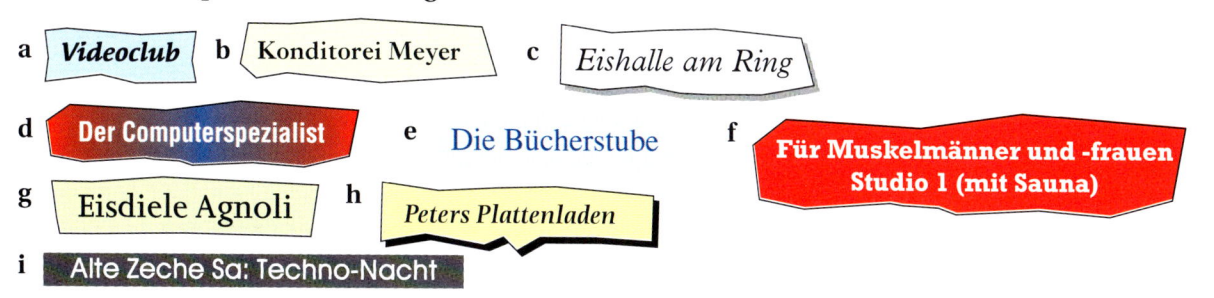

a Videoclub
b Konditorei Meyer
c Eishalle am Ring
d Der Computerspezialist
e Die Bücherstube
f Für Muskelmänner und -frauen Studio 1 (mit Sauna)
g Eisdiele Agnoli
h Peters Plattenladen
i Alte Zeche Sa: Techno-Nacht

10 Wer sieht welchen Film? Match each statement to a film.

1 Interview mit einem Vampir

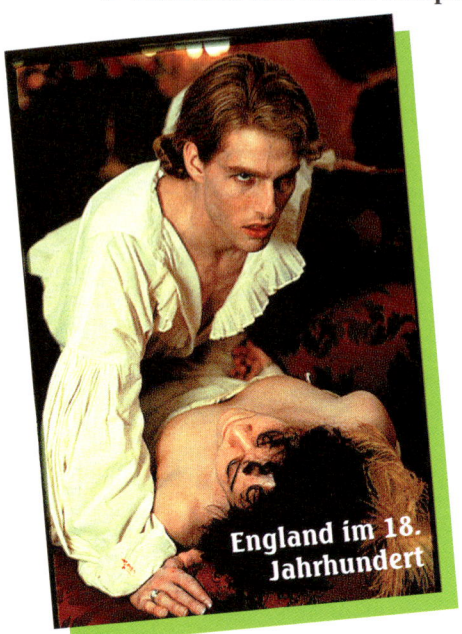

England im 18. Jahrhundert

Mit dem deutschen Komiker – lachen auch Sie!

2 Otto – der Film

Hier ist was los!

3 Speed

Der Film über die Beatles – mit der Musik der Beatles

4 Backbeat

a Englische und amerikanische Filme sind immer gut. Aber am liebsten mag ich Horror- und historische Filme.

b Ich mag Actionfilme!

c Ich mag die Musik der 60er Jahre.

d Im Kino will ich lachen und nicht weinen!

e Liebesfilme finde ich langweilig – ich mag es explosiv!

f Ich sehe am liebsten Filme aus Deutschland.

Write a comment of your own.

8 Partnerarbeit

Partner B:
(Partner A: page 31)

1996
JULI
29 Montag
10.15 Zahnarzt

30 Dienstag
13.00–17.00 bei Tante Emilia

31 Mittwoch

1996
AUGUST
Donnerstag 1
16.00 Schwimmen

Freitag 2
15.30 Friseur

3 Samstag
Sonntag 4

Freizeit 3

11 Mode 95

1 Read the descriptions. Name each person. (1–4)

a modisch
b lässig-leger
c einfarbig
d sportlich
e individuell
f teuer
g aus zweiter Hand

2 Choose two words to describe each outfit. Write four sentences.
Beispiel: Ich denke Nummer 1 ist modisch und teuer.

1 Miriam, 16 Jahre
Mein schwarz-gelbes Kleid ist vom Flohmarkt, und die Ohrringe gehören meiner Oma. Die neueste Mode ist nicht wichtig für mich. Ich habe meinen eigenen Stil und trage, was mir gefällt.

2 Dieter, 15 Jahre
Ich gebe viel Geld für meine Klamotten aus. Meine Jeans und meine Jacke sind Markenprodukte, keine billigen Kopien. Ich finde das sehr wichtig.

3 Volker, 16 Jahre
Ich trage Jeans und Sportschuhe. Meine Klamotten sind bequem – das ist für mich am wichtigsten.

4 Sandra, 16 Jahre
Ich meine, Kleider machen Leute. Mode ist für mich wichtig. Im Moment trage ich schwarze Sachen: ein schwarzes Kleid, schwarze Strümpfe und schwarze Schuhe – das ist jetzt in.

12 Mach Notizen zu dem Artikel

Markus macht Popcorn. Er verzichtet auf Freibad und Ferienspaß. Stattdessen steht er in einem bunt bemalten Wagen und füllt Popcorn in Tüten oder verkauft Zuckerwatte. Manchmal 11 Stunden am Tag. Jeden Morgen muß Markus früh aufstehen. Denn er wohnt in Bad Münstereifel, und sein Arbeitsplatz, der Erlebnispark Phantasialand, ist dreißig Kilometer entfernt. Sein Freund Peter nimmt ihn im Auto mit. Um neun Uhr öffnet der Park. Bei gutem Wetter bleiben einige Gäste bis zur letzten Minute. Wenn die beiden nach Hause kommen, sind sie meistens todmüde.

Peter hatte Markus von dem Job erzählt. Markus schickte eine schriftliche Bewerbung. Die Antwort war positiv: Er durfte sich vorstellen. Zuerst machte er eine kurze Schulung. Dann bekam er seinen Platz in dem Popcorn-Wagen. Markus gefällt die Arbeit. Viele Besucher fragen ihn auch nach einzelnen Attraktionen des Parks. Dann gibt der Sechzehnjährige freundlich und selbstsicher Auskunft.

Write notes about Markus' job. He...

works in ......
sells ......
lives in ......
travels ...... km
travels by......
works......
   hours
...... the job

Pick out key words and then use them in a summary.

33

13 Du möchtest einen Briefpartner haben

Write a letter in German to a magazine. Include all the important details about yourself:
- Name
- Age
- Address
- Family
- Hobbies

14 Was machst du mit deinem Geld?

A class in a German school has conducted a survey on pocket money.
Here are the results.
Write seven sentences in German explaining the results.
Beispiel: 10% der Schüler kaufen Kleider.
Conduct a survey in your own class.

15 Du hast diesen Brief von deinem neuen Briefpartner bekommen

Write a reply to this letter from your new penfriend.

> Ich gehe jedes Wochenende ins Kino. Am liebsten sehe ich Actionfilme. Romantische Filme kann ich überhaupt nicht leiden. Ich finde sie furchtbar! Was für Filme siehst Du gern? Gehst Du oft ins Kino oder leihst Du Videos aus? Wer ist Dein Lieblingsfilmstar?

16 Andreas Wochenende

Work with your partner. Describe each stage of Andrea's weekend.
How did it end?
Write out your completed story.

Draft notes in rough first.

Freizeit 3

Zum Üben

(Ex 2: see page 120)

1 Wie wäre es mit...?

Wie wäre es	mit Fernsehen? mit Tennis?
Möchtest du	fernsehen? Tennis spielen?
Hast du Lust	fernzusehen? Tennis zu spielen?

Write five questions.

2 Wo treffen sie sich?

Write in the correct prepositions and write out full sentences.   *Beispiel: Sie treffen sich in der Stadt*

1 .... Jugendzentrum
2 .... Stadt
3 .... Bahnhof
4 .... Eisdiele
5 .... Videoladen
6 .... Skateboardbahn
7 .... Parkhaus

3 Was magst du gern/nicht gern?

Write a sentence for each set of pictures.

Beispiele:
Ich gehe gern ins Kino.   Ich gehe nicht gern ins Kino.

4 Schreib die Sätze richtig auf   Make up sentences.

1 Ich — lesen — gern teure Jeans
2 Tom — tragt — mein Taschengeld
3 Tanja — spare — einen Ferienjob
4 Wir — bekommt — oft ins Kino
5 Du — gehen — 50 Mark im Monat
6 Uwe und Anja — findest — am liebsten Zeitschriften
7 Ihr — hat — Mode sehr wichtig

35

Vokabeln Siehe auch S.20

Allgemeines — *General*

die Briefmarke(-n)	*stamp*
die Brücke(-n)	*bridge*
das Buch(¨-er)	*book*
die Bushaltestelle(-n)	*bus stop*
die CD (-s)	*CD*
das Computerspiel(-e)	*computer game*
die Eishalle(-n)	*ice rink*
das Eisstadion(-stadien)	*ice rink*
die Ferien	*holidays*
der Flohmarkt	*flea market*
der Friseur	*hairdresser*
das Getränk(-e)	*drink*
die Hochzeit (-en)	*wedding*
das Hobby(-s)	*hobby*
das Instrument(-e)	*instrument*
das Jahrhundert (-e)	*century*
die Karte(-n)	*card*
die Kassette(-n)	*cassette*
das Kino	*cinema*
der Komiker	*comedian*
die Konditorei(-en)	*cake shop*
der Laden(¨-)	*shop*
der Liebesfilm(-e)	*romantic film*
der Lieblingsfilm(-e)	*favourite film*
das Make-up	*make up*
die Musik	*music*
der Muskelmann(¨-er)	*muscle man*
die Platte(-n)	*record*
das Schwimmbad(¨-er)	*swimming pool*
die Sendung(-en)	*programme*
die Spannung	*excitement, tension*
die Süßigkeit(-en)	*confectionery*
das Tagebuch(¨-er)	*diary*
das Taschengeld	*pocket money*
der Tenniskurs(-e)	*tennis course*
der Todesfall (¨-e)	*death*
die Vorstellung(-en)	*performance*
das Wochenende	*weekend*
die Zeitschrift(-en)	*magazine*
aus zweiter Hand	*second-hand*
bequem	*comfortable*
einfarbig	*all in one colour*
furchtbar	*awful*
individuell	*individual*
interessant	*interesting*
langweilig	*boring*
lässig	*casual*
logisch	*logical*
modisch	*fashionable*
romantisch	*romantic*
schlaflos	*sleepless*
sportlich	*sporty*
traurig	*sad*
angeln	*to fish*
ausgeben	*to spend (money)*
ausleihen	*to lend/borrow*
basteln	*to do handicrafts*
bekommen	*to get/obtain*
denken	*to think*
fernsehen	*to watch TV*
gefallen (es gefällt mir)	*to please (I like it)/ to like*
kaufen	*to buy*
lachen	*to laugh*
lesen	*to read*
sammeln	*to collect*
schwimmen	*to swim*
sparen	*to save*
tanzen	*to dance*
tragen	*to wear, carry*
treffen	*to meet*
verdienen	*to earn*
weinen	*to cry*
Ich gehe ins Kino	*I'm going to the cinema*
Ich höre gern Musik	*I like listening to music*
Ich mache gern Fotos/Ich fotografiere gern	*I like taking photos*
Ich fahre gern Rollschuh	*I like roller skating*
Gehen wir heute einkaufen?	*Shall we go shopping today?*
Wann treffen wir uns?	*When shall we meet?*
Abgemacht!	*Agreed!*
Wie wäre es mit…?	*How about …?*
Bis dann!	*Till then!*
Was läuft heute abend im Kino?	*What's on at the cinema tonight?*
Was für ein Film ist das?	*What sort of film is that?*
Der Film ist frei ab 16	*The film category is 16+*
Zweimal/Zwei Karten für die 20.30 Vorstellung bitte	*Two tickets for the 20.30 performance, please*
Romantische Filme kann ich nicht leiden	*I can't stand romantic films*
Am liebsten sehe ich Actionfilme	*I like watching action films best of all*
Ich finde … furchtbar	*I think … is awful*

Musikinstrumente — *Musical instruments*

die Blockflöte(-n)	*recorder*
das Cello(-s)	*cello*
der Dudelsack(¨-e)	*bagpipes*
die Flöte(-n)	*flute*
die Geige(-n)	*violin*
die Gitarre(-n)	*guitar*
das Keyboard(-s)	*keyboard*
die Klarinette(-n)	*clarinet*
das Klavier(-e)	*piano*
die Mundharmonika(-s)	*mouth organ*
die Posaune(-n)	*trombone*
das Saxophon(-e)	*saxophone*
das Schlagzeug(-e)	*drum kit*
die Trommel(-n)	*drum*
die Trompete(-n)	*trumpet*

Medien 4

1 Wie ist das Wetter?

Which weather map is being described?

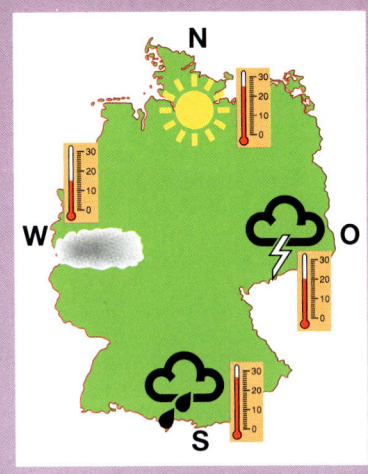

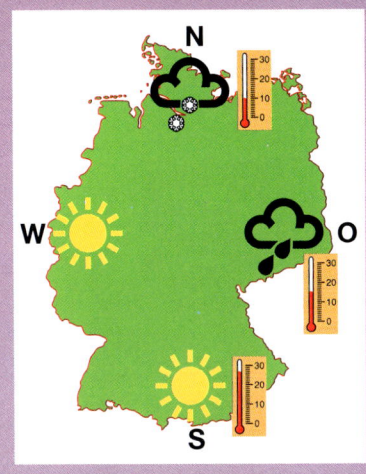

a   b   c

2 Mach Notizen

Note details about Mascha Kramer.

Age:	Previous studies:
Home town:	Started at Viva:
Programme name/time:	Hobbys:

3 Richtig oder falsch?

Two of the following statements are true. Note the numbers.
1. Petra is seventeen years old.
2. She lives in Baden Württemberg.
3. She thinks American television programmes are entertaining.
4. She thinks programmes on politics are boring.
5. Petra has cable television and thinks it is great.

Petra reads magazines. What interests her in these? Mention two things.

Preparation is important. Get yourself into a listening routine.

4 Welcher Satz paßt am besten?

Toten Hosen is a punk band. What does their singer Campino say about:
a) many young Germans' opinions of pop music sung in German?
b) the countries in which Toten Hosen is most popular?
c) the band's dreams for the future?
d) where they would like to achieve success?

Jot down notes while you listen.

37

5 Beantworte diese Fragen für dich selber!

- Was siehst du gern im Fernsehen? Warum?
- Wie oft siehst du fern und für wie lange?
- Wo siehst du meistens fern?
- Was ist deine Lieblingssendung? Warum?
- Wer ist dein Lieblingsfernsehstar? Warum?
- Was für Musik hörst du gern? Warum?
- Was ist deine Lieblingsgruppe?
- Hast du einen Lieblingssänger/eine Lieblingssängerin?
- Singst du gern?
- Was liest du gern?
- Kaufst du oft Zeitschriften? Welche?
- Gehst du manchmal ins Theater oder Kino?

Write answers to the questions above. Interview your partner.

6 Partnerarbeit

What are you doing today?
Construct dialogues using the pictures below.

A Was machen wir heute abend?

B –   [KINO] + ?   [theater masks] + ?   [computer] + ?

A Ja, gern. Wann treffen wir uns?

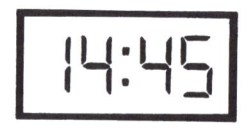

B –   10:00   11:30   14:45

A Und wo?

B –   [bus stop H]   [DB station]   [house]

A Abgemacht. Bis dann. Tschüs.

Make up two new dialogues of your own.

Use this role play in some other situations, e.g. going to the disco, the cinema or a party.

38

Medien 4

7 Was läuft heute abend im Kino?

Read the dialogue with your partner.
Work out five more questions.

Beispiel: Wie heißt der Film mit Hugh Grant?
Vier Hochzeiten und ein Todesfall.
Wie lange dauert Forrest Gump?
142 Minuten

Summarise the plot of *Forrest Gump* in English.

17.15/20.00/22.00 Erstaufführung
Forrest Gump
USA 1994 – 142 Min. – Regie: Robert Zemeckis – mit Tom Hanks, Robin Wright, Gary Sinise, Sally Field, Mykelti Williams

Die Welt wird anders sein, wenn man sie mit den Augen von Forrest Gump gesehen hat.
Forrest Gump ist die Geschichte eines Südstaatlers mit einem sehr niedrigen Intelligenz-Quotienten, aber einem großen Herzen und viel Optimismus, der es schafft, Football-Star und Vietnam-Kriegsheld zu werden, drei amerikanischen Präsidenten zu begegnen, der wahren und einzigen Liebe seines Lebens beweisen zu können, wie sehr er sie liebt und ein Millionen-Vermögen im Shrimp-Fang zu erlangen. 30 Jahre amerikanische Geschichte in einer Zeit, in der Amerika seine Unschuld verliert, erzählt und kommentiert von eben jenem Forrest Gump.

17.30/19.30/(außer Mi.) Erstaufführung
Vier Hochzeiten und ein Todesfall
GB 1993 – 117 Min. – Regie: Mike Newell – mit Hugh Grant, Andie MacDowell, James Fleet, Simon Callow, Kristin Scott Thomas
„Wenn ein Film je einer Hochzeitstorte gleich kam, dann dieser…" *The New York Times*

8.12. – 14.12.1994
13.45 Uhr, 16.00 Uhr, 18.15 Uhr
Schneewittchen und das Geheimnis der Zwerge
Wunderschön und liebreizend ist sie: Schneewittchen, des Königs einzige Tochter. Während er sich auf dem Kreuzzug befindet, muß sie daheim bleiben, bei ihrer bösen Stiefmutter. Die trachtet der Prinzessin nach dem Leben, da sie es nicht ertragen kann, daß Schneewittchen von Tag zu Tag schöner wird …
BRD 1992, 90 Min.; ohne Altersbeschränkung, empfohlen ab 6 Jahre

16.2. – 22.2.1995
14.00 Uhr, 16.00 Uhr, 18.00 Uhr
Die Schlümpfe und die Zauberflöte
In einem mittelalterlichen Königreich: Eine zum Tanzen zwingende Zauberflöte fällt einem Bösewicht in die Hände, dessen verbrecherischem Treiben erst ein Ende gesetzt werden kann, als der "Hofnarr" und der junge Prinz aus dem Zwergenreich eine gleichartige Flöte beschaffen.
85 Min. – ab 6 Jahre

8 Zwei Freundinnen sehen abends sehr gern fern

Two friends are discussing their television viewing. Continue the conversation.
Work with your partner and make up conversations.
N.B. You are only allowed to watch television for 2 hours maximum and you must go to bed at 10pm.

Beispiel:
A Was siehst du heute abend im Fernsehen?
B Ich sehe „A-Z Lifeshow" um 17.00. Und du?
A Ich sehe „The Munsters" um 17.05 – und danach?
B Ich sehe …… .

17.00 Die Melchiors 26teilige Serie, BRD 1971	17.00 A – Z Lifeshow Kinderprogramm	17.00 Rundschau	Heute: Grünes Juwel am kaspischen Meer (1)	17.00 Telekolleg II Sozialkunde (7) (Wdh.)
17.25 N3 regional	17.15 U 30 Magazin	17.05 The Munsters Kinderprogramm	17.00 „Es war einmal…"	17.30 Von Rom zum Rhein – die Römer (5) (Wdh.)
17.30 Der kleine Vampir (11)	18.00 N.R.W. Nachrichten	17.30 Herzklopfen	17.30 Hallo Spencer	18.00 Menschen u. Tiere (66)
18.00 Hallo Spencer	18.05 KuK Magazin	18.00 Rundschau	18.00 Die Curiosity-Show	18.24 Kinder-Verkehrssport
18.30 Unser Sandmännchen	18.30 Konto Verbrauchertips	18.05 Bayern live	18.25 Die Perishers	18.25 Unser Sandman
18.35 N3 regional	18.45 Aktuelle Stunde Nachrichten und Sport	18.43 Abend-Vorstellung	18.30 „Hallo, wie geht's"	18.30 Südwest aktuell
18.45 DAS! – Das AbendStudio Heute u.a.: DAS! kocht und Der heiße Draht	19.25 Fensterprogramme der Landesstudios	18.45 Rundschau	18.40 Bocksprünge (3) Mit Heinz Schenk und seinen Gästen	18.35 „Hallo, wie geht's?
19.30 N3 regional	19.45 Kind und Kegel Elternmagazin	19.00 Unser Land Magazin	19.28 hessen-3-tip	18.50 Fahr mal hin (Wdh.) (Nicht über Satellit!)
20.00 Tagesschau Nachrichten und Wetter	20.15 Stadl-G'schichten (1) Mit Karl Moik und seinen Gästen	19.50 Polizeiinspektion 1 Heute: Fluchtversuch anschl.: Rundschau	19.30 Hessenschau	19.19 Heute abend in Südwest 3
20.15 N3 Reportage	21.00 WDR aktuell	20.15 Parzival und die Welt der Ritter Eine Dokumentation über Wolfram von Eschenbach	20.00 Tagesschau	19.20 Landesprogramme
20.45 extra drei/dry – Die wahre Wochenschau Moderation: H.-J. Börner	21.15 Lustfaktor 10 Kein Spiel für Schüchterne. Moderation: Michael Gantenberg	21.00 Rundschau-Magazin	20.15 City Hauptsache Kultur Mod.: Dieter Bartetzko	20.00 Tagesschau Nachrichten
21.15 Die aktuelle Schaubude Unterhaltungssendung	22.00 B. trifft… Begegnung bei Böttinger. Talkmagazin	21.20 Fall auf Fall – Jedem sein Recht!	21.10 3 aktuell Telegramm	20.15 Sport 3 extra Eishockey: Deutschland-Cup Berichterstattung vom Spiel: Deutschland – Slowakei In der Pause, ca. 21.00 Uhr Nachrichten
22.00 NDR Talk Show Mod.: Sabine Sauer und Björn Hergen Schimpf. Gäste: Wolfgang Gruner, Dieter Hildebrandt, Thomas Freitag, Katja Ebstein und andere	23.00 Rückblende	21.45 Kanal fatal Die Sketchparade anschl.: Rundschau	21.15 1200 Jahre Frankfurt/Main Der historische Hochseillauf des Philippe Petit Dokumentation über die technischen Vorbereitungen	
	23.15 Bernd Alois Zimmermann: Musique pour les soupers du Roi Ubu (1966)	22.20 Sport heute	22.00 NDR-Talk-Show Mod.: Sabine Sauer und Björn Hergen Schimpf. Gäste: Thomas Freitag, Katja Ebstein und andere	22.30 Nachtcafé Talkshow Mod.: Wieland Backes Thema: Wechseljahre – ab zum alten Eisen oder auf zu neuen Ufern?
		22.35 nachtClub Talkshow		
		23.50 Itzhak Perlman und Daniel Barenboim spielen (2)		

Schlüssel
A = ✓   B = ▬

9 Wer sieht am meisten fern?

Put letters for the flags in the correct order.

Die Fernseh-Hitparade

Die Amerikaner haben das Fernsehen erfunden – sind sie immer noch die Fernsehnation Nummer eins? Das wollte eine internationale Studie wissen. Das Ergebnis: Deutschland ist es nicht – Die Deutschen sehen pro Tag nicht mehr als dreieinhalb Stunden fern. Die "Fernseh-Weltmeister" sind die Japaner – sie sitzen täglich sechseinhalb Stunden vor der "Glotze". Und was ist mit den amerikanischen Fernsehfans? Die Studie kam zu dem Ergebnis: Die Amerikaner sehen pro Tage nur noch viereinhalb Stunden fern!

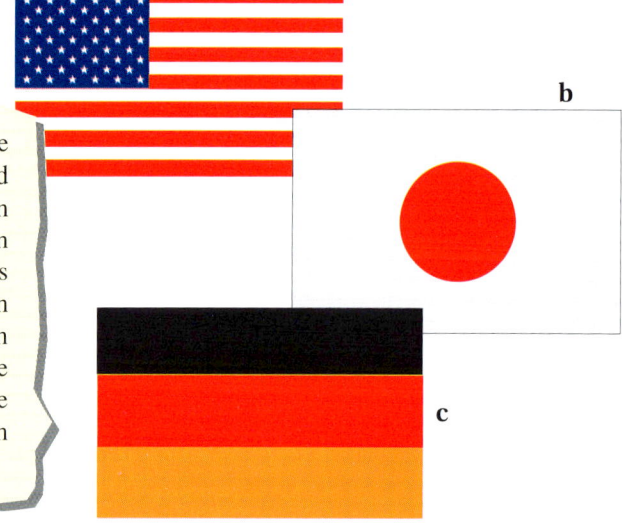

10 Fernsehen, Zeitungen und Zeitschriften

In Deutschland gibt es drei staatliche Fernsehsender: ARD, ZDF und die Dritten Programme. Jedes westdeutsche Bundesland produziert sein eigenes Drittes Programm; in den östlichen Bundesländern gibt es ein Drittes Programm. Die staatlichen Kanäle sind traditionell „anspruchsvoll" und informativ. Seit Mitte der achtziger Jahre gibt es in Deutschland auch Kabelfernsehen – und private deutsche Fernsehsender, z.B. RTL, SAT1, DSF, VIVA, PRO 7 und 3sat. Diese TV-Stationen senden vor allem Seifenopern, Spielfilme, Spiel-Shows, Sport und Musik. Wer Kabelfernsehen hat, der kann in Deutschland auch 15 bis 20 internationale Kabel- und Satellitensender wie MTV, Super Channel, und Euro Sport empfangen – die Auswahl ist groß!

Die Deutschen gehören zu den eifrigsten Zeitungslesern der Welt. Kein Wunder – in fast keinem Land gibt es so viele Tageszeitungen wie in Deutschland: Neben den großen nationalen Zeitungen erscheinen täglich über 600 regionale Tageszeitungen! Und wer sich weiter informieren will, der liest eine der großen politischen Wochenzeitungen (z.B. *die Zeit*) oder das angesehene Nachrichtenmagazin *DER SPIEGEL*. Doch auch für Leute, die sich beim Lesen entspannen und unterhalten wollen, ist gesorgt: Sie können zwischen über 1000 Mode-, Jugend-, Fernseh-, Hobby- und anderen Unterhaltungszeitschriften wählen!

a) When was cable television first introduced in Germany?
b) Name five types of programme which can be seen on RTL, SAT 1 and DSF.
c) How many local daily papers are there in Germany?
d) What type of magazine is DER SPIEGEL?

> Don't panic if you don't understand everything. Pick out the key words.

11 Zu wem (Saskia, Jessica oder Kai) paßt welcher Satz?

Kai (17 Jahre): „Also, wenn Werbung lustig und frech ist, dann kommt sie auch bei Jugendlichen an! Einige Werbekampagnen sind richtig witzig; da findet man dann auch das Produkt toll! Ich finde, Reklame kann schon beeinflussen – sie muß eben für ein jugendliches Publikum gemacht sein!"

Saskia (16 Jahre): „Ich glaube nicht, daß sich Jugendliche sehr von der Werbung beeinflussen lassen – niemand kauft etwas, nur weil er es in der Werbung sieht! Im Gegenteil: Werbung für junge Leute ist oftmals so plump, daß sie eher abstößt: Da wird mit Schlagwörtern und Werbesprüchen geworben, die kein normaler Jugendlicher benutzt!"

Jessica (17 Jahre): „Die meisten jungen Leute richten sich nach Gleichaltrigen: Man trägt zum Beispiel die Klamotten, die in der Clique angesagt sind. Werbung spielt dabei eigentlich keine Rolle!"

Whose views?
1 Other young people's opinions are more important.
2 Advertising can be amusing.
3 Advertising does not really influence young people.

What is positive and what is negative about advertising? Read the above opinions again and make two lists.

Medien 4

12 Was ist deine Meinung?

Put these statements into two lists for and against cable and satellite television. Translate one statement from each list into English.

a Über 20 Fernsehkanäle sind zuviel.
b Es gibt immer nur Wiederholungen, Spielshows und Sportsendungen.
c Bei so vielen Kanälen findet man immer eine Sendung, die einem gefällt.
d Kabelfernsehen heißt nicht: der Fernseher läuft den ganzen Tag. Man hat mehr Auswahl – das ist alles.
e Jeder kann selbst entscheiden, was er sehen will – man kann umschalten und sich ein interessanteres Programm suchen.
f Die Zuschauer „konsumieren" nur noch – das Fernsehen ist nur noch Unterhaltung.
g Man schaltet immer hin und her: Man kann sich für keines der vielen Programme entscheiden.

13 Wie sind die Resultate dieser Umfrage?

Summarize the results below. *Beispiel: 10 Leute sehen am liebsten Sportsendungen.*

Was siehst du am liebsten im Fernsehen?

Sendung	Anzahl
Sportsendungen	10
Serien	15
Nachrichten	2
Musiksendungen	21
Quizshows	16
Filme	19
Zeichentrickfilme	16
Dokumentarfilme	6

> **Not all information in the exam is presented as plain text. It is sometimes in other forms like this graph.**

14 Ein Interview

You have interviewed the well-known rock star Bernd Bayer for a German magazine. Here are your notes. Using these, finish writing the article.

Name: Bernd Bayer
Geburtstag: 28.8.76
Geburtsort: Stuttgart
Familie: Schwester (Birgit) in London (Studentin), Bruder (Boris) in Berlin (Schauspieler), Eltern in Stuttgart
Größe: 1,75m
Gewicht: ca. 90kg
Haarfarbe: Dunkelbraun
Augenfarbe: Braun
Hobbys: Musik und Billiard
Wohnort: Basel in der Schweiz
Lieblingsfilm: Amadeus
Lieblingsfarbe: Schwarz
Lieblingsessen: Pizza

Bernd Bayer spielt seit fünf Jahren Gitarre für die Rockgruppe „Schwarze Spinne" und er ist überall in der Musikwelt bekannt. Aber wie gut kennen Sie den Mann hinter dem Star? Hier sind einige Details über sein Leben......

Write a second article about another star.

15 Sieh dir die Wetterkarte von Europa an

Look at the map. Work with a partner. Take turns to ask questions about the weather report for Europe.

Beispiel: Wie ist das Wetter heute in Wien? In Wien regnet es. Temperatur um 15 Grad.

(Write sentences to describe the weather in 5 different places.)

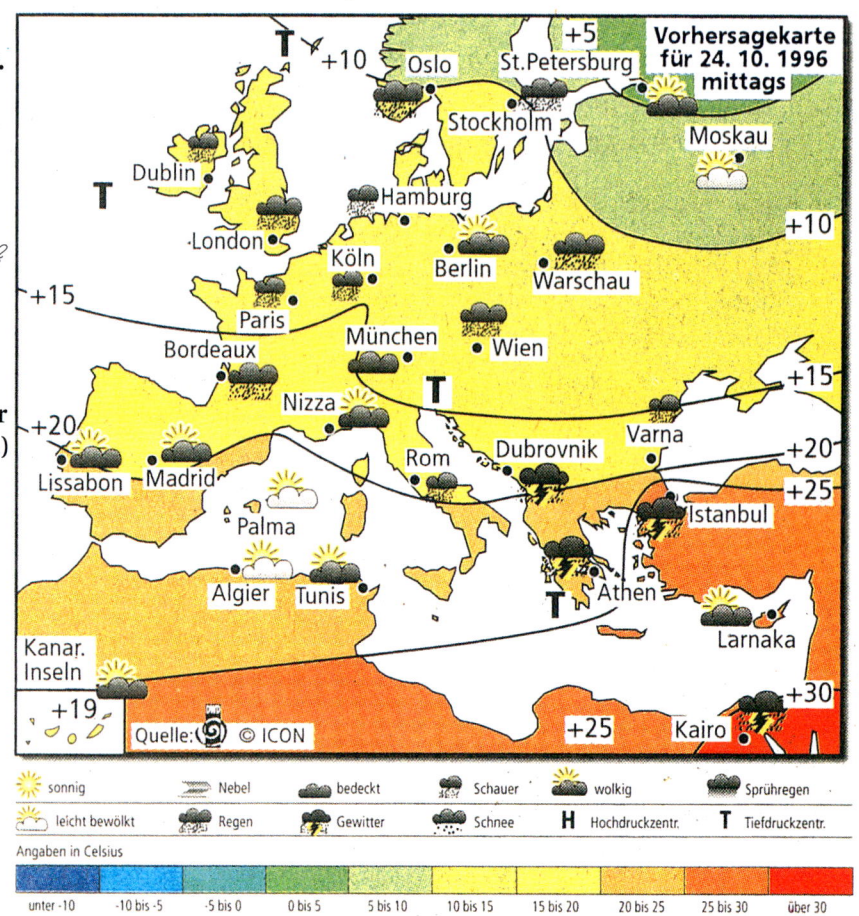

16 Lies diesen Brief

> Kiel, den 12. Januar
>
> Lieber Daniel,
>
> vielen Dank für Deinen letzten Brief, den ich gestern erhalten habe. Er hat mir sehr gut gefallen. Wie geht es Dir? Und Deiner Familie?
>
> Hier in Kiel ist das Wetter momentan sehr schlecht und ich kann nicht nach draußen gehen und Fußball spielen. Wie ist das Wetter bei Euch?
>
> Gestern abend bin ich in ein Konzert gegangen. Das war ausgezeichnet! Die Gruppe heißt „Die Skorpions" – das ist eine bekannte Rockgruppe bei uns. Was für Musik hörst Du gern? Hast Du eine Lieblingsgruppe oder einen Lieblingssänger? Gehst Du oft in Konzerte? Spielst Du selber ein Instrument? Ich lerne Gitarre. Das macht mir viel Spaß!
>
> Schreib bald!
> Dein
>   Andreas

Imagine you are Daniel. Write a reply to Andreas.

Use phrases from the letter to help you write your own.

Medien 4

Zum Üben

(Exercises 1, 2, 3 see page 122; ex. 4 see page 125)

1 Das Futur

Complete the phrases to make future tenses.

	werden +	Infinitiv
ich	......	fahren
du	......	fahren
er/sie/es	......	fahren
wir	......	fahren
ihr	......	fahren
sie	......	fahren
Sie	......	fahren

2 Wie wird das Wetter morgen?

Write seven sentences describing each forecast.
Beispiel: Morgen wird es regnen.

1 2 3 4 5 6 7

3 Medien der Zukunft

Unjumble the sentences and write them down.

1 elektronische – wird – Zeitschriften – es – geben
2 wir – erfinden – Solarfernsehen – werden – das
3 Haus – haben – jedes – Computerzentrale – eine – wird
4 werden – werden – immer – Computer – billiger
5 keine – geben – Radios – es – wird
6 altmodisch – werden – sein – CDs
7 wird – Telefone – geben – es – keine
8 All – Werbung – kommen – die – wird – dem – aus

4 Bilde *wenn*-Sätze

Link the two sentences with wenn.
Beispiel:
Ich sehe zuviel fern. Meine Augen tun weh. → Wenn ich zuviel fernsehe, tun meine Augen weh.

oder:
Er schaut Kabelfernsehen. Er ist bei seinem Freund. → Er schaut Kabelfernsehen, wenn er bei seinem Freund ist.

1 Es regnet. Ich werde zu Hause bleiben.
2 Ich will mich informieren. Ich lese Zeitung.
3 Ich langweile mich. Ich schalte den Fernseher an.
4 Wir werden ins Schwimmbad gehen. Morgen scheint die Sonne.
5 Ich höre am liebsten Musik. Ich bin in meinem Zimmer.
6 Ich mache Hausaufgaben. Ich höre Radio.
7 Das Wetter wird nicht besser. Wir können nicht in Urlaub fahren.
8 Ich schaue Kabelfernsehen. Ich will Unterhaltung.

43

Vokabeln

Das Wetter — *Weather*

das Gewitter	*storm*
das Glatteis	*black ice*
der Hagel(stein)	*hail(stone)*
der Himmel	*sky*
die Hitze	*heat*
die Kälte	*cold*
der Nebel	*fog*
der Regen	*rain*
der Schnee	*snow*
die Sonne	*sun*
der Wetterbericht	*weather report*
die Wetterkarte	*weather map*
die Wettervorhersage	*weather forecast*
der Wind	*wind*
bedeckt	*overcast*
bewölkt	*cloudy*
blitzen	*to flash (lightening)*
donnern	*to thunder*
heiter	*bright*
kühl	*cool*
naß	*wet*
neblig	*foggy*
regnen	*to rain*
regnerisch	*rainy*
scheinen	*to shine*
schneien	*to snow*
schwül	*close*
sonnig	*sunny*
stürmisch	*stormy*
windig	*windy*
wolkig	*cloudy*
Es regnet	*It's raining*
Es ist warm/kalt	*It's warm (hot)/cold*
Es schneit	*It's snowing*
Es donnert und blitzt	*It's thundering and lightening*
Die Sonne scheint	*The sun's shining*
Es friert	*It's freezing*

Massenmedien — *Mass media*

der Actionfilm(-e)	*action film*
die Auswahl *(no pl)*	*choice*
der Dokumentarfilm(-e)	*film documentary*
der Erfolg(-e)	*success*
der Fernsehfan(-s)	*TV fan*
der Fernsehsender(-)	*TV channel*
die Fernsehsendung(-en)	*TV programme*
die Glotze	*'telly', 'box'*
die Hitparade	*hit parade*
das Kabelfernsehen	*cable television*
der Kanal(¨-e)	*channel*
das Konzert(-e)	*concert*
die Lieblingsgruppe(-n)	*favourite group*
der Lieblingssänger(-)	*favourite singer*
die Musiksendung(-en)	*music programme*
die Nachrichten *(pl)*	*news*
das Nachrichtenmagazin	*news magazine*
die Quizshow(-s)	*quiz show*
das Satellitenfernsehen	*satellite television*
der Schauspieler(-)	*actor*
die Seifenoper(-n)	*soap opera*
die Serie(-n)	*series*
die Spiel-Show(-s)	*game show*
der Spielfilm(-e)	*feature film*
die Sportsendung(-en)	*sports programme*
die Tageszeitung(-en)	*daily newspaper*
das Theater	*theatre*
der Trickfilm(-e)	*cartoon*
die Unterhaltung	*entertainment*
die Werbung(-en)	*advert*
die Wiederholung(-en)	*repeat*
die Wochenzeitung(-en)	*weekly magazine*
die Zeitschrift(-en)	*magazine*
die Zeitung(-en)	*newspaper*
der Zuschauer(-)	*viewer*
bekannt	*well-known*
berühmt	*famous*
erfolgreich	*successful*
politisch	*political*
privat	*private*
staatlich	*state*
beeinflussen	*to influence*
empfangen	*to receive*
entscheiden	*to decide*
erfinden	*to invent*
informieren	*to inform*
lesen	*to read*
senden	*to broadcast*
singen	*to sing*
umschalten	*to turn over (channel)*
verpassen	*to miss*
im Ausland sein	*to be abroad*
ins Ausland fahren	*to go abroad*
Ich gehe gern ins Kino/ins Theater	*I like going to the cinema/theatre*
Er spielt seit fünf Jahren Gitarre	*He's been playing the guitar for five years*

Jugend 5

1 Welche Zeichnung ist richtig? Which picture describes each person's problems?

Martin: a / b / c

Ina: a / b / c

Olaf: a / b / c

2 Martins Terminkalender

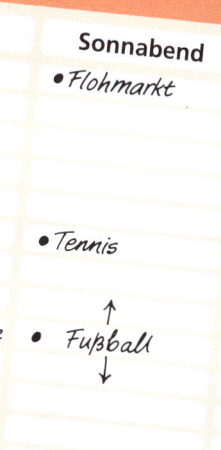

Listen to Martin's answering machine.
1. Which telephone invitation can he accept?
2. What does Nina suggest?

In the exam, you can only listen twice but at this stage listen as many times as you need to.

	Freitag	Sonnabend	Sonntag	Montag	Dienstag
9 Uhr		• Flohmarkt			
10 Uhr					• Zahnarzt
11 Uhr			• 10.30 Frühstück bei Omi und Opi		
12 Uhr					
13 Uhr					
14 Uhr					
15 Uhr	• Lernen für die Englischarbeit	• Tennis	• Mittagessen bei Tante Susanne		
16 Uhr			• Kaffee und Kuchen bei uns zu Hause		• Schulschluß
17 Uhr	• Nachhilfe-Mathe	↑		SPORTFEST -SCHULE	
18 Uhr		• Fußball			
19 Uhr		↓			
20 Uhr	• Party bei Lars				↑
21 Uhr					• Tanzstunde
22 Uhr					↓
23 Uhr					
24 Uhr					

45

3 Sarahs Besuch

Listen to Sarah speaking about a visit to her German friend's house in Berlin. Write down in English five mistakes which her friend makes in this report.

Ihr gefällt es sehr gut in Bonn. Ihre Austauschfamilie ist sehr nett. Sie teilt ein Zimmer mit Anja und ihrer Schwester Birte. Jeden morgen geht sie mit Anja zur Schule – sie ist in der 9. Klasse. Schule in Deutschland macht Spaß, findet Sarah. Am besten findet sie Deutsch und Geschichte – das ist sehr interessant. Nachmittags fahren sie mit dem Fahrrad in die Stadt. Dort treffen sie sich mit Anjas Freundinnen. Abends sehen sie fern, oder sie spielen Karten. Das Essen ist super – Anjas Mutter kocht leckere Sachen. Am liebsten ißt Sarah Schnitzel mit Kartoffelsalat!

4 Warum hat sich Meike von ihrem Freund getrennt?

Give five reasons why Meike split up with her boyfriend.

5 Beschreib dich!

- With a partner each choose to be one of the young people in the photo.
- Describe yourself and let your partner identify you.
- Ask each other the questions and write your answers.

Du bist dran

1. Wie siehst du aus?
2. Wie alt bist du?
3. Wann hast du Geburtstag?
4. Wann bist du geboren?
5. Was hast du an deinem letzten Geburtstag gemacht?
6. Was für Geschenke hast du bekommen?
7. Hast du Geschwister?
8. Kannst du sie beschreiben?
9. Kommst du mit ihnen gut aus?
10. Wie kommst du mit deinen Eltern aus?

Don't rush! Take time to think before answering.

Jugend 5

6 Partnerarbeit

– Hast du Lust, zu meiner Geburtstagsparty zu kommen?
– Ja, gerne. Wann?
– Am *28. August um 20 Uhr.*
– Toll. Kann ich etwas mitbringen?
– Das ist ja nett. Bringst du etwas zum *Essen* mit?
– Wie wäre es mit *Kartoffelsalat*?
– Das ist eine gute Idee.

Read the dialogue together. Make up new dialogues using the pictures below.

a b c d e

7 Partnerarbeit

Beispiel:
– Was machst du in den Sommerferien?
– Ich fahre dieses Jahr nach

– Mit wem fährst du hin?
– Mit *meiner*

– Wie fährst du hin?
– Mit *dem*   durch den

– Was machst du da?
– Wir ...

– Wo wohnt ihr?
–

– Wie lange bleibt ihr da?
–

– Viel Spaß! Kann ich mitkommen?

**Complete the dialogue with a partner.
What are you doing in the summer holidays? Make up new dialogues**

47

8 Partnerarbeit

Look at these Christmas presents.

Partner A describes a present in German without naming it. Partner B has to name it in German.

Beispiel:
A Er ist warm, ist aus Wolle und man trägt ihn. Was ist das?
B Der Teddybär?
A Falsch.
B Der Pullover?
A Richtig. Jetzt bist du dran.

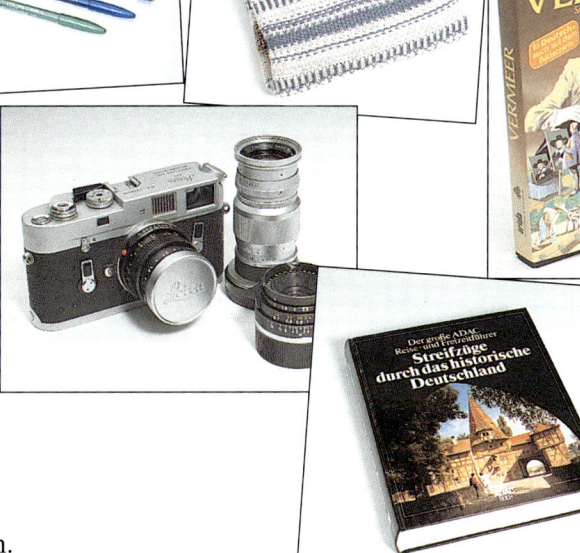

9 Setz den Comicstrip richtig zusammen

Note the correct order of pictures in the cartoon.

a   b   c   d

e   f

Jugend 5

10 Lies den Text

Katja (17) ist seit einem Jahr mit Thorsten (18) zusammen. Was ist für sie das Wichtigste in ihrer Beziehung? „Daß wir uns so gut verstehen", glaubt Thorsten. „Wir haben keine Geheimnisse voreinander – ich kann Katja alles erzählen!" „Ja, und wir helfen uns gegenseitig bei Problemen", erklärt Katja. „Vor einiger Zeit hatte ich großen Ärger mit meiner Lehrerin – aber Thorsten war super: Er hat mich verstanden und hat mir geholfen, das Problem zu lösen." Was machen die beiden in ihrer Freizeit? Thorsten sagt: „Wir sind oft zusammen. Nachmittags bin ich meistens bei Katja. Und am Wochenende gehen wir ins Kino oder in die Disco." „Wir machen aber nicht alles zusammen", erklärt Katja. „Ich finde es gut, wenn man seine eigenen Interessen hat. Viele meiner Freundinnen interessieren sich nur noch für ihren Freund – das finde ich blöd!" Das findet auch Katjas Freundin Jana (16). Sie hat keinen festen Freund – sie will lieber 'solo' bleiben: „Also, ich mag meine Freiheit! Ich habe viele Hobbys, und ich treffe mich gern mit meinen Freundinnen. Ein Freund stört da nur! Und außerdem: Ich bin sehr sportlich – ich bin im Schwimmverein und trainiere jeden Tag. Mein Sport ist für mich sehr wichtig. Viele Jungen verstehen das nicht. Sie wollen, daß ihre Freundin die ganze Zeit nur mit ihnen zusammen ist. Sie sagen: „Du bist für mich am wichtigsten!" Aber das ist langweilig – man braucht seine eigenen Interessen und Hobbys. Nein, eine feste Freundschaft ist nichts für mich!"

Which phrases are correct?

Katja and Thorsten
a do everything together
b have no problems
c have their own interests

Jana
a has a steady boyfriend
b prefers being on her own
c thinks boys are boring

Write eight sentences in German on your own feelings.

11 Eine feste Freundschaft

What are the advantages and disadvantages of a steady relationship? Find examples in the text above. Make two lists in English.

Advantages	Disadvantages
understand each other	no freedom

12 Entwirf eine Einladungskarte für eine Party

Answer the questions and design a party invitation card.
- Was feierst du?
- Wann?
- Um wieviel Uhr?
- Wo?
- Was soll man mitbringen?
- Was soll man tragen?

13 Lies diesen Dankbrief für ein Geburtstagsgeschenk

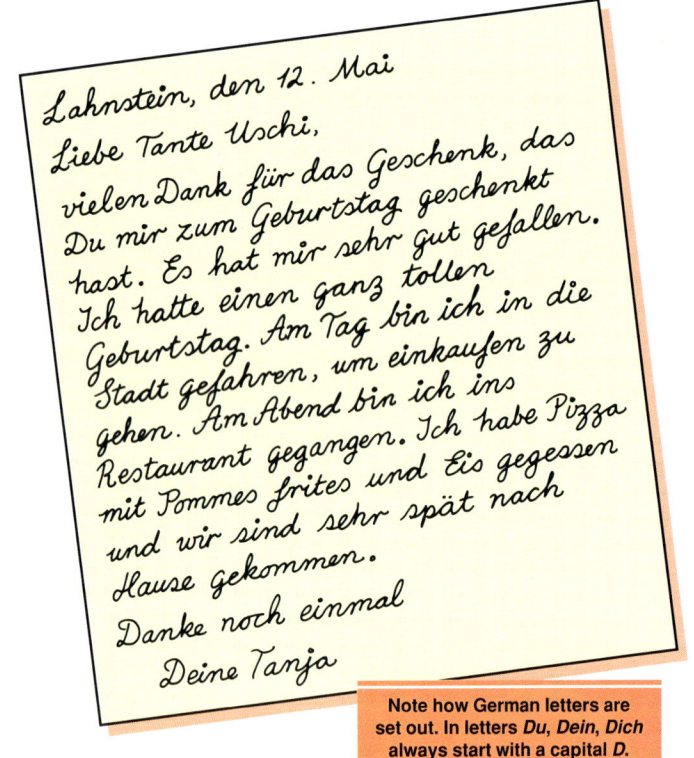

Lahnstein, den 12. Mai

Liebe Tante Uschi,

vielen Dank für das Geschenk, das Du mir zum Geburtstag geschenkt hast. Es hat mir sehr gut gefallen. Ich hatte einen ganz tollen Geburtstag. Am Tag bin ich in die Stadt gefahren, um einkaufen zu gehen. Am Abend bin ich ins Restaurant gegangen. Ich habe Pizza mit Pommes frites und Eis gegessen und wir sind sehr spät nach Hause gekommen.

Danke noch einmal

Deine Tanja

Note how German letters are set out. In letters *Du*, *Dein*, *Dich* always start with a capital *D*.

Write more thank you letters.

a
b
c
d
e

14 Ergänze diesen Dankbrief an die Familie Müller

Fill in the blanks in the thank you letter.

```
New Milton, den 28. Oktober 1995

Liebe Familie Müller,

    wie geht's? Ich bin gut nach ...... gekommen. Ich
...... mich ganz herzlich für den schönen Aufenthalt bei
Euch in Herdecke ...... . Ihr wart alle so freundlich und
hilfreich und ich habe mich bei ...... sehr wohlgefühlt.
...... habe ich auch mein ...... verbessert!
    Ich ...... so viel Interessantes in Deutschland gese-
hen. Vielen Dank noch mal auch für die tollen Ausflüge, die
wir zusammen ...... haben. Besonders schön war die Fahrt
...... Dortmund.
Ich freue mich sehr ...... Martins Besuch. Dann kann ich
ihm die ...... hier zeigen.

    Viele ...... auch von meinen Eltern

    Euer
    Daniel
```

auf
Hause
Sehenswürdigkeiten
bedanken
Grüße
Euch
Deutsch
Hoffentlich
nach
habe
möchte
gemacht

Wohnsiedlung 6

1 Das passende Zimmer

Which pictures describe Michael, Susi and Markus' rooms?

a   b   c

2 Monika und Daniel beschreiben ihre Haustiere

Identify Monika and Daniel's pets. Write descriptions of each.

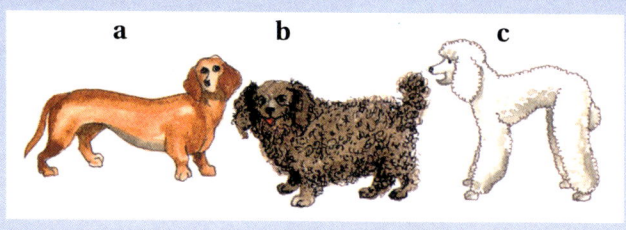

Monika   Daniel

a   b   c   a   b   c

3 Was für Hausarbeit machen sie?

Listen to these young people talking about helping in the house.

1 Name three jobs which Sven does at home.
2 What does he say about cooking?
3 What must he do once a month?

1 What does Lisa feel about housework?
2 Which job does her brother always do?
3 Name three jobs which Lisa does to help.

1 How does Karin feel about housework? Why?
2 How often and where does she go shopping?
3 What jobs do Karin's brother and sister each do?

Listen to the tone of voice of the speakers for clues to understanding.

53

4 Was gibt es in Dörtes Zimmer?

Give four details about Dörte's room.

5 Fragen zu den Bildern

Welches Bild ist das?

a Ich wohne so gern hier. Die Landschaft hier ist wunderschön.

b Ich muß auch den Rasen mähen.

c Warum haben wir keine Geschirrspülmaschine?

d Die Schulaufgaben mache ich jeden Nachmittag am Schreibtisch.

e Unsere Wohnung ist im Erdgeschoß. Ich wurde lieber oben im siebten Stock wohnen.

f Die Badewanne bei uns ist nie schmutzig! Ich mache sie jeden Abend sauber.

Ask your partner the questions. Write down your answers.

Du bist dran

1. Wo wohnst du?
2. Seit wann wohnst du dort?
3. Beschreib dein Haus.
4. Beschreib dein Schlafzimmer.
5. Was machst du in deinem Schlafzimmer?
6. Wie hilfst du zu Hause?
7. Was machst du jeden Tag, bevor du zur Schule gehst?
8. Was hast du gestern gemacht, bevor du zur Schule gegangen bist?
9. Hast du Haustiere?
10. Beschreib sie.

If you're talking about events in the past, use the correct tense (normally the perfect tense).

Wohnsiedlung 6

6 Du ißt bei einer deutschen Familie

What would you say in these situations?

1. Könntest du mir bitte die Butter reichen? — Ja hier.
2. Möchtest du noch Kartoffeln? — Ja gerne. Das hat sehr gut geschmeckt.
   Möchtest du noch Karotten? — Nein danke. Ich bin satt.

Using the pictures, make up more dialogues. *Beispiel:* Könnten Sie mir bitte das Brot reichen?

Speak as clearly as you can.

7 Partnerarbeit

You are staying with a German family and you want to help out with the housework.
Work with a partner and make up dialogues.
Partner A ist der Gast aus Schottland
Partner B ist die Mutter oder der Vater

Gast: Kann ich Ihnen bei der Hausarbeit helfen?
Mutter: Ja, könntest du bitte *abtrocknen*?
Gast: Ja, gerne. Wo ist *das Handtuch*?
Mutter: *Es ist auf dem Kühlschrank.*

55

8 Partnerarbeit

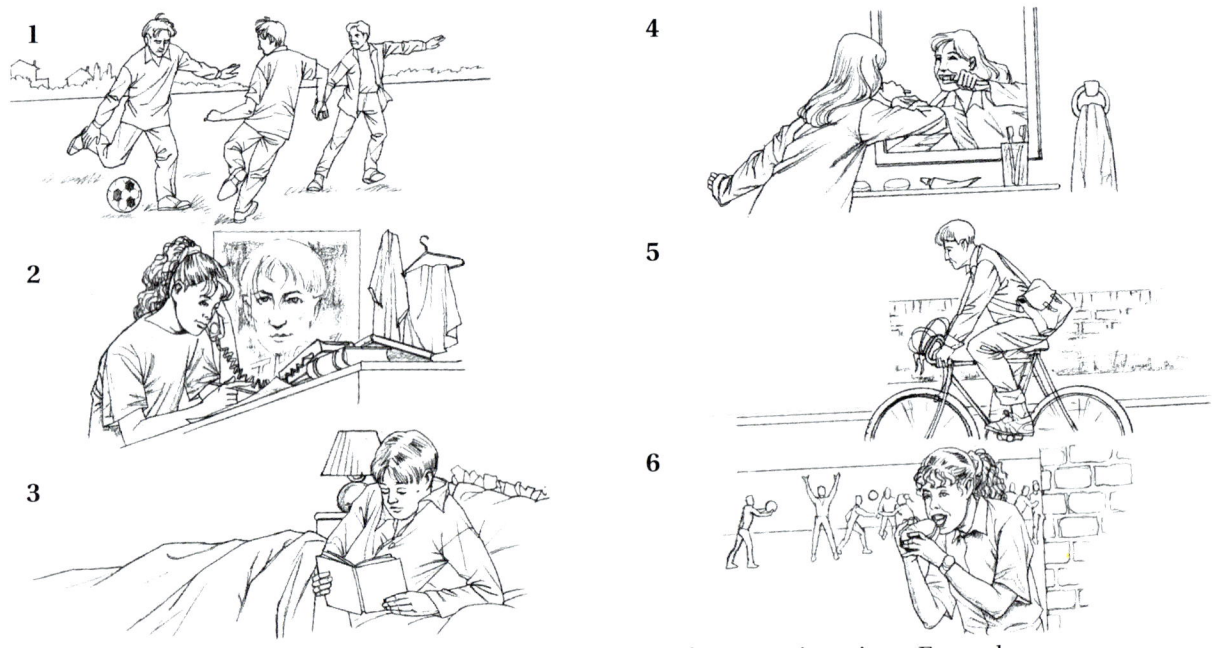

You are at the market with your friend.
Take turns at asking what everything costs.

9 Welcher Satz paßt zu welcher Zeichnung?   Match pictures with sentences.

- **a** Nachmittags mache ich meine Hausaufgaben und telefoniere mit meinen Freunden.
- **b** Nach dem Aufstehen putze ich mir die Zähne.
- **c** In der Pause esse ich ein belegtes Brot.
- **d** Ich fahre mit dem Fahrrad zur Schule.
- **e** Vor dem Schlafengehen lese ich.
- **f** Ich spiele mit meinen Freunden Fußball.

Wohnsiedlung 6

10 Martin möchte einen Hund aus dem Tierheim

Choose a dog for Martin. Read his notes and descriptions of the dogs.

*klein
problemlos
mag Kinder
nicht zu alt*

Annie – Schäferhund, 3 Jahre alt. Vorsicht! Beißt manchmal. Mag keine Kinder!

Floh – kleiner Dackel-Mischling, 1 Jahr alt. Sehr kinderlieb. Kann gut allein sein.

Benji – Bullterrier. 7 Jahre alt. Braucht viel Platz. Ist nicht gern allein!

Bobby – Bobtail, ca. 3 Jahre. Muß jeden Tag gebürstet werden. Hat Angst vor Katzen!

Susi – sehr großer Schäferhund-Mischling, 9 Jahre alt. Sehr kinderlieb. Spielt sehr gern!

11 Die beliebtesten Tiere

Read the article and answer the questions.

Leoparden und Affen im Wohnzimmer

DÜSSELDORF – Der größte Zoo der Welt findet sich in deutschen Haushalten. Nach einer Untersuchung des Umweltministeriums Nordrhein-Westfalens halten allein die Bürger dieses Bundeslandes 218 000 exotische Wildtiere, darunter Papageien, Giftfrösche, Wölfe und Jaguare. Die exotischen Vögel sind dabei die größte Gruppe (14 000). Außerdem zählte das Umweltministerium fast 13 000 exotische Schlangen und 2 600 giftige Frösche. Doch auch wilde Säugetiere sind bei den Einwohnern Nordrhein-Westfalens sehr beliebt: Das Umweltministerium zählte 120 Affen, 60 Wölfe, 14 Jaguare und 14 Leoparden.

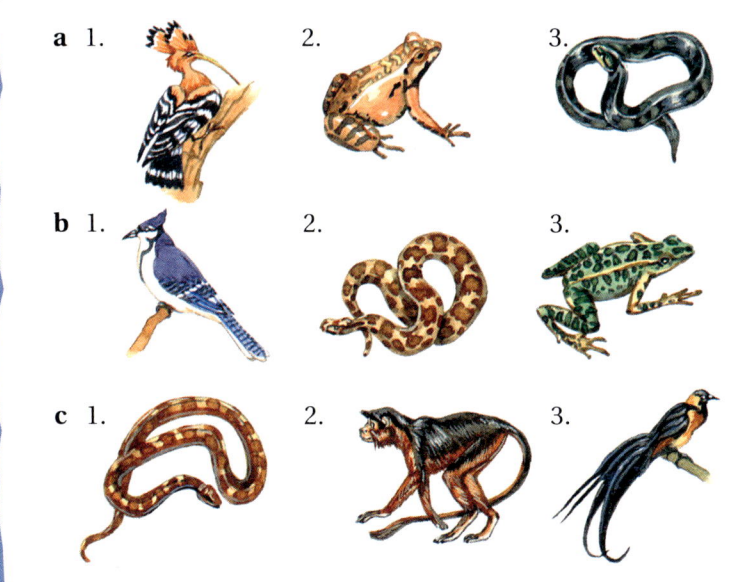

a 1.   2.   3.

b 1.   2.   3.

c 1.   2.   3.

1 Which are the most popular exotic pets mentioned?
2 Which other birds/animals are mentioned? Give numbers.

Read as much authentic German as you can. Perhaps your German penfriend can send you magazines.

57

12 Lies Astrids Brief

Choose the best advice.

Ich streite mich immer mit meiner Schwester!

„Hilfe – ich habe immer Zoff mit meiner kleinen Schwester! Ich muß mit ihr (12 Jahre) ein Zimmer teilen. Jeden Tag streiten wir uns: Ich kann nicht in Ruhe meine Platten hören. Sie stört mich bei den Hausaufgaben, und sie wühlt in meinen Sachen herum. Wenn ich wütend werde, lacht sie nur. Aber ich muß immer auf sie Rücksicht nehmen – ich halte das nicht mehr aus!"

Astrid (16 Jahre) aus Norwegen

a „Liebe Astrid, Deine Mutter „darf" Deine Post lesen. Ich finde es aber schade, daß sie Dir so wenig vertraut. Hat sie Angst um Dich, oder ist sie einfach neugierig? Vielleicht versteht Dein Vater Dich besser. Erklär' ihm Dein Problem. Sonst mußt Du Deine Freunde bitten, persönliche Briefe an eine andere Adresse zu schicken, zum Beispiel an Deine beste Freundin."

b „Liebe Astrid, das ist wirklich nicht einfach! Sprich mit der ganzen Familie über Dein Problem. Macht einen „Stundenplan": Überlegt, wann Ruhe sein muß, wann Du Musik hören kannst, und wann Deine Schwester machen kann, was sie will. Hängt den Plan an Eure Zimmertür – dann weiß Deine Schwester, daß auch sie Rücksicht nehmen muß!"

c „Liebe Astrid, es tut mir leid, daß Du so unglücklich bist. Deine Eltern wollen nur das Beste für Dich. Aber sie merken nicht, daß das Abitur nicht das Richtige für Dich ist. Auch heutzutage kann man mit einem guten Beruf etwas werden! Hast Du schon einmal mit Deinen Lehrern über Dein Problem gesprochen? Bitte sie, mit Deinen Eltern zu reden! Ich wünsche Dir viel Glück!"

Summarise her problem in English.

13 Beschreib dein Traumhaus

Describe your dream house to a partner.
Say how big it is, how many rooms it has, etc.
What is there in the garden?
Now write down your description.

14 Ein typischer Tag

Describe your different daily routines.

an einem Schultag	an einem Sonntag	am 25. Dezember
Ich stehe um 7 Uhr auf.	Ich frühstücke im Bett.	Ich wache sehr früh auf.

15 Schreib eine Antwort

Write a reply to this letter from your German penfriend.

> Meine Eltern arbeiten beide. Ich muß also ziemlich viel zu Hause helfen. Jeden Tag muß ich mein Bett machen und den Hund füttern und dann mit ihm spazierengehen. Am Wochenende muß ich im Garten helfen. Das finde ich soooo langweilig! Mußt Du auch zu Hause helfen?

16 Feiern in Großbritannien?

Write an article for a German school magazine on one of these topics:

- Christmas in Britain
- What you do at Easter time
- How you celebrated your last birthday
- Any other festival (Eid, Hogmanay, Hanukkah, etc.) that you celebrate

Draft notes in rough first.

Wohnsiedlung 6

Zum Üben

(Exercises 2 & 3 see page 122; ex. 4 see page 120)

1 Ergänze diese Sätze

Rewrite the sentences including the expressions of time.
Beispiel: Ich wasche mich. (Zuerst) → Zuerst wasche ich mich.

1 Ich frühstücke. (Danach)
2 Ich habe in der Disco getanzt. (Am Abend)
3 Ich bin nach Hause gegangen. (Drei Stunden später)
4 Ich teile ein Zimmer mit meiner Schwester. (Seit vier Jahren)
5 Er muß staubsaugen. (Jeden Tag)
6 Sie macht das Badezimmer sauber. (Jede Woche)
7 Wir gehen alle zum Zahnarzt. (Zweimal im Jahr)

2 Füll diese Tabellen aus

a
aufstehen
ich stehe auf
du
er/sie/es
wir
ihr
sie
Sie

b
sich waschen
ich wasche mich
du
er/sie/es
wir
ihr
sie
Sie

aufstehen
mitnehmen
abfahren
sich waschen
sich freuen
sich die Zähne putzen

Complete the table. Write sentence using these separable and reflexive verbs.

3 Was macht Michael jeden Morgen?

Describe in German Michael's morning routine.

Now write down what he did yesterday.

4 Beschreib dieses Schlafzimmer

Write a description. Use these expressions.

auf der rechten/linken Seite
in der Mitte
an der Wand
auf dem Fußboden
gegenüber der Tür
auf dem Bett

Describe your room to a partner. Write it down.

Vokabeln Siehe auch S.28

Allgemeines — *General*

das Badezimmer(-)	bathroom
das Dach("-er)	roof
das Dorf("-er)	village
die Einkaufstasche(-n)	shopping bag
das Einkaufszentrum(-zentren)	shopping centre
der Einwohner(-)	inhabitant
der Garten("-)	garden
die Geschirrspülmaschine(-n)	dishwasher
die Großstadt("-e)	city
das Haus("-er)	house
die Hausarbeit	housework
der Haushalt	household
das Haustier(-e)	pet
der Kunde(-n)	customer(m)
die Kundin(-nen)	customer(f)
die Landschaft	countryside
der Markt("-e)	market
die Mischung(-en)	mixture
der Rasen	lawn
das Schlafzimmer(-)	bedroom
das Schwimmbad("-er)	swimming pool
die Stadt("-e)	town
die Stadtmitte(-n)	town centre
das Stadtzentrum(-zentren)	town centre
der Staubsauger	vacuum cleaner
das Tischtuch("-er)	tablecloth
der Traum("-e)	dream
der Verkäufer(-)	sales assistant
die Wohnung(-en)	flat
das Wohnzimmer(-)	living room
das Zimmer(-)	room
allein	alone
kinderlieb	fond of children
ordentlich	orderly
sauber	clean
wunderschön	wonderful
abfahren	to depart
abtrocknen	to dry up
abwaschen	to wash up
aufstehen	to get up
aufwachen	to wake up
beißen	to bite
bürsten	to brush
einkaufen	to shop
freuen	to be pleased
frühstücken	to have breakfast
füttern	to feed (animals)
helfen	to help
kochen	to cook
mähen	to mow
mitnehmen	to take (with you)
putzen	to clean
reichen	to hand
saubermachen	to clean
spazierengehen	to go for a walk, stroll
staubsaugen	to vacuum
streiten	to argue
teilen	to share
telefonieren	to telephone
waschen	to wash
auf der rechten/linken Seite	on the right-/left-hand side
an der Wand	on the wall
gegenüber der Tür	opposite the door
in der Mitte	in the middle
auf dem Fußboden	on the floor
auf dem Bett	on the bed

Haustiere — *Pets*

der Esel(-)	donkey
der Goldfisch(-e)	goldfish
der Hamster(-)	hamster
der Hund(-e)	dog
das Kaninchen(-)	tame rabbit
die Katze(-n)	cat
die Maus("-e)	mouse
das Meerschweinchen(-)	guinea pig
das Pferd(-e)	horse
die Ratte(-n)	rat
die Schildkröte	tortoise
die Schlange(-n)	snake
der Wellensittich(-e)	budgerigar

In der Küche — *In the kitchen*

das Besteck	cutlery
die Gabel(-n)	fork
das Geschirr	crockery
das Glas("-er)	glass
der Herd(-e)	cooker
der Löffel(-)	spoon
der Krug("-e)	jug
der Kühlschrank("-e)	fridge
das Messer(-)	knife
die Pfanne(-n)	frying pan
die Tasse(-n)	cup
die Teekanne(-n)	tea pot
der Teller(-)	plate
das Tischtuch("-er)	tablecloth
der Topf("-e)	saucepan
die Untertasse(-n)	saucer

Möbel — *Furniture*

das Bett(-en)	bed
das Bild(-er)	picture
der Kleiderschrank("-e)	wardrobe
der Sessel(-)	armchair
das Sofa(-s)	sofa
die Stehlampe(-n)	standard lamp
der Teppich(-e)	carpet
der Vorhang("-e)	curtain

Meine Stadt 7

1 Tina und Florian beschreiben ihre Stadt

Which photo is correct?

Tina ☐ a
Florian ☐

b c

d e f

2 Wie heißt Susis Straße?

Look at the plan. Listen to the directions and find Susi's street.

3 Im Text sind fünf Fehler

Listen to the conversation. Note five mistakes in the text in English.

Sina fährt jetzt mit dem Bus zur Schule. Die Busfahrt dauert 35 Minuten. Sie muß einmal umsteigen. Am liebsten fährt sie aber Rad. Sie hat ein Mountainbike – es ist rot. An den Wochenenden macht sie oft mit ihrer Familie Fahrradtouren. Autos findet Sina nicht gut: Sie sind nicht umweltfreundlich.

61

4 Was gibt es in Franks Stadt?

Note as much as you can about Leipzig.

5 Partnerarbeit

Auf dem Markt

Discuss prices for the fruit and vegetables with your partner.
Be realistic!
Make up dialogues as customer and stall-holder.
The stall-holder could make mistakes with the prices!

Bildet Dialoge.
Beispiel:
A Guten Morgen.
B Guten Morgen. Was darf es sein?
A Ich möchte *ein Kilo Kirschen*, bitte.
B Sonst noch etwas?
A Ja. *Zwei Kiwifrüchte*, bitte.
    (*Oder*: Nein danke. Das ist alles.)
B Das macht *7,90* zusammen.
A Bitte schön.
B Danke schön. Auf Wiedersehen.
A Auf Wiedersehen.

Record your dialogue. Try to make it as lively as possible.

6 Was siehst du in dieser Stadt?

Look at the picture on page 63.
Ask your partner what you call these places in German?

Beispiel:
A Wie heißt Nummer eins?
B Das ist die Kirche.
A Richtig! (Falsch, das ist ...)

**What is there to do in this town?
Write a list in German.**

Beispiel:
Man kann schwimmen gehen.

Du bist dran

1 Wo wohnst du?
2 Wo liegt das?
3 Seit wann wohnst du dort?
4 Beschreib deine Stadt / dein Dorf.
5 Was kann man in deiner Stadt / deinem Dorf machen?
6 Was gibt es für junge Leute?
7 Wo gehst du einkaufen?
8 Welche Geschäfte gibt es in deiner Stadt / deinem Dorf?
9 Wie fährst du in die Stadt? Warum?
10 Wohnst du gern in deiner Stadt / deinem Dorf? Warum/ warum nicht?
11 Wo möchtest du wohnen, wenn du älter bist?

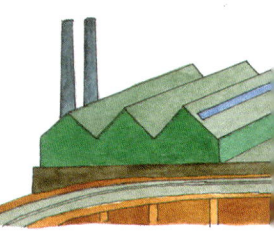

Meine Stadt 7

7 Partnerarbeit

Excuse me, is there a post office near here please?
Ask for and give directions
to different places.
You are both at the
railway station.

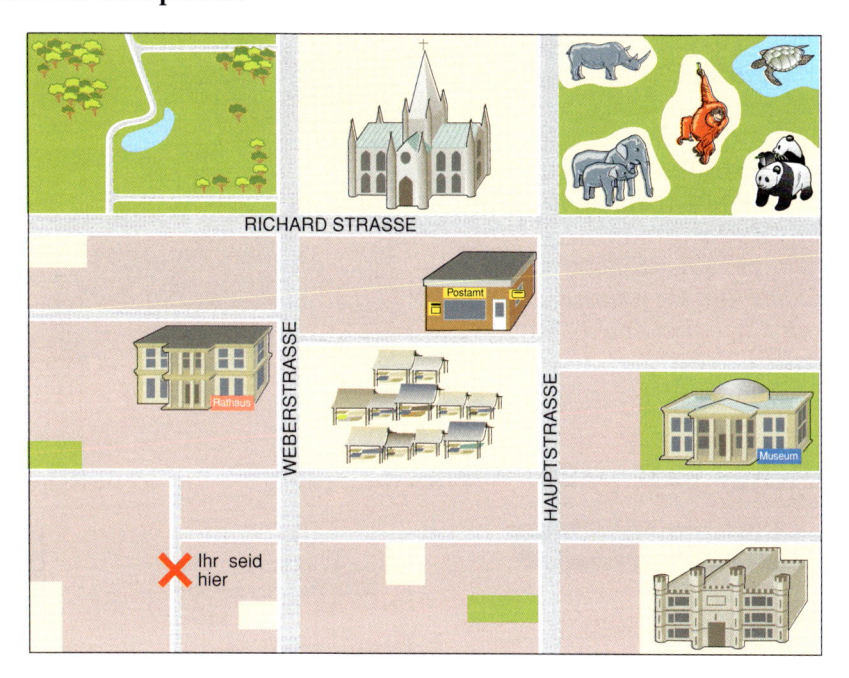

A Entschuldigung. Gibt es *eine Post* in der Nähe, bitte?
B *Ja. Sie gehen rechts und nehmen die erste Straße links – das ist die Weberstraße, dann die zweite Straße rechts und Sie sehen die Post auf der linken Seite.*
A Ist es weit von hier?
B Etwa *500 Meter*.

Now make up other dialogues.

8 Partnerarbeit

Practise ordering cake and drinks.

A Bitte schön?
B *Ein Stück Erdbeertorte, bitte.*
A Mit Sahne?
B *Bitte.*
A Und zu trinken?
B *Ein Kännchen Kaffee mit Milch und Zucker.*
A Also, *ein Stück Erdbeertorte mit Sahne und ein Kännchen Kaffee mit Milch und Zucker.* Stimmt das?
B *Ja. Stimmt.*

9 Welcher Satz paßt?   Match the signs to the correct descriptions.

a Karstadt Musikladen
b Kerstan Ihr Wurstspezialist Mit Partyservice!
c Weserpark-Zentrum 38 Geschäfte 5000 Parkplätze
d Konditorei Meyer
e Intercoiffeur Ströbl Neu: Unser Kosmetiksalon
f Osman Iziz Obst u. Gemüse tägl. frisch
g ADLER APOTHEKE
h Montanus Zeitungen Zeitschriften Bücher

1 Hier gibt's süße Sachen.
2 Nichts für Vegetarier!
3 Au! Mein Kopf tut weh!
4 Neuigkeiten aus aller Welt.
5 Spezialitäten aus dem Süden – ganz frisch!
6 Alles unter einem Dach!
7 Hier gibt's die neuesten Hits.
8 Machen Sie das Beste aus Ihrem Typ!

10 Wer kauft welche Karte?   Which ticket would you buy?

a I'd like to visit my Gran in Leipzig. I'm 14.
b I'm going to Cologne with my parents and my sister.
c I'd like to visit my girlfriend in Rostock next weekend.
d I'm in Munich for the day and I want to see as much of the town as possible!

1 Mit der neuen Familientageskarte fährt selbst der Weihnachtsmann mit seiner Familie besser.

Rechtzeitig für die Weihnachtseinkäufe ist die VRS-Familientageskarte jetzt auch an Werktagen ab 9.00 Uhr gültig. Natürlich für Familien – aber auch für Kleingruppen bis zu 2 Erwachsenen und 2 Kindern unter 12 Jahre.
Das überzeugt sogar den Weihnachtsmann und seine Familie.
Also: gute Fahrt und erfolgreiche Einkäufe.
Ihre Verkehrsbetriebe im VRS.
Eine Verbindung, mit der Sie gerade in der Weihnachtszeit gut fahren.
Damit es schneller und einfacher geht

2 Juniorenpaß
Gültig für 12 Monate
Für Kinder und Jugendliche unter 15 Jahren
50 Prozent Ermäßigung auf allen Fahrten innerhalb Deutschlands

3 Das rosarote Wochenende
Samstags und Sonntags billiger auf allen Strecken!
Für Einzel- und Gruppenfahrer
Gültig 1. und 2. Klasse

4 Das 24-Stunden-Ticket
Mit einer Karte 24 Stunden lang fahren, sooft Sie wollen und wohin Sie wollen in unserer Münchner Region, mit S-Bahn, U-Bahn, Straßenbahn und Bus.
Schnell, bequem und unbeschwert.
Man unterscheidet zwei Geltungsbereiche für diese Fahrkarte. Das „blaue" 24-Stunden-Ticket zu DM 6.- (Kinder DM 2.-) genügt für den München-Besuch. Es hat einen Geltungsbereich für das gesamte erweiterte Stadtgebiet. Alle Münchner Sehenswürdigkeiten können hiermit angefahren werden.

Meine Stadt 7

11 Welches Foto paßt zu welchem Text?

Hamburg BILDERBOGEN

a Vorsicht: Diese Touristenattraktion ist nichts für Langschläfer! Hier trifft man schon um vier Uhr morgens Menschenmassen, die zwischen den Ständen umherbummeln und die vielen Köstlichkeiten probieren wollen.

b Ein Muß für jeden Hamburg-Besucher: Die maritime Atmosphäre an den Anlegern der Alster. Schiffe aus allen Kontinenten kommen hierher, um ihre Waren abzuladen: Bananen aus Südamerika, Kaffee aus Afrika, Tee aus Indien ...

c Glitzende Juwelen und teure Designermode: Im Zentrum Hamburgs gibt es wunderschöne Einkaufszentren. Hier ist der Kunde wirklich König. Das Besondere: alles ist überdacht - so kann man auch bei schlechtem Wetter bequem einkaufen gehen!

Look at the photos. They might give you a clue.

12 Wie ist Bremen?

Read the article and answer the questions in English.

1. In what way is Bremen compared to Hamburg?
2. Bremen has a lot of maritime industry. Name three types.
3. What type of streets are die Bottcherstraße and der Schnoor?
4. Which four animals do the Stadtmusikanten represent and where are they?
5. Give two reasons why Bremerhaven is a very important town in Germany.

Das Land Bremen besteht aus den Städten Bremen und Bremerhaven. Bremen hat 550 000 Einwohner und – nach Hamburg – den zweitgrößten Hafen Deutschlands. Die Industrie Bremens ist deshalb sehr maritim: In Bremen findet man die bedeutendsten Kaffeeröstereien, Schiffswerften und Tabakfirmen Europas.

Bremen gibt es seit dem Jahr 787. Im 12. Jahrhundert wurde Bremen eine Stadt und im Jahr 1260 Mitglied der Hanse. Nach dem Dreißigjährigen Krieg (1618-1648) fiel Bremen an Schweden; 1720 wurde die Stadt ein Teil Hannovers. 1815 wurde Bremen dann eine Freie Hansestadt. Im 18. und 19. Jahrhundert war Bremen sehr reich: Viele Kaufmänner und Senatoren lebten hier.

In der Innenstadt Bremens kann man auch heute noch die prächtigen alten Kaufmannshäuser und die vielen Bauten aus der Gotik und der Renaissance bewundern: den Dom, das Rathaus, den Schütting, die Ansgariikirche... Besonders berühmt sind die Böttcherstraße und der Schnoor: Diese winzigen Gassen locken jedes Jahr Millionen Touristen an! Auf dem Marktplatz steht – seit 1404 – der berühmte Roland, ein Ritter aus Metall. Besonders bekannt – und beliebt – sind die Bremer Stadtmusikanten. Diese vier Tiere (Esel, Hund, Katze und Hahn) sind Figuren aus einem Märchen und stehen heute auf dem Marktplatz.

Bremerhaven liegt 65 km nördlich von Bremen und ist seit 1827 ein Teil Bremens. Bremerhaven ist eine Stadt der Superlative: Hier findet man den wichtigsten Fischereihafen und den größten Passagierhafen Deutschlands. Von dort aus starteten im 19. und 20. Jahrhundert die Schiffe mit all den deutschen Auswanderern, die ihr Glück in Amerika suchten...

Always read the questions carefully.

65

13 Was gibt es in deiner Stadt?

Your penfriend would like to know about the places of interest in your town (or nearest city).
Make a list in German of ten places.

14 Boris schreibt eine Antwort

Lieber Boris,

meine Eltern und ich fahren nächste Woche in Urlaub! Kennst Du das Hotel Ferienland bei Euch? Wenn möglich, kannst Du mir bitte schreiben, wie man vom Bahnhof zum Hotel kommt. Danke im voraus!

Dein Michael

Look at the sketch. Write a reply to Michael in German giving directions to the hotel.

15 Was meinst du?

What are the advantages and disadvantages of country and town life?
Add your own ideas in German to the lists.

	Stadtleben	Landleben
Vorteile	Es gibt viele junge Leute in einer Stadt.	Es ist sehr ruhig auf dem Land.
Nachteile	Die Luft ist nicht sehr gut.	Es kann einsam sein.

Where would you most like to live?
Make notes for a short talk.

16 Ein Ausflug

Talk to a partner about a recent trip to a city.

- Wohin bist du gefahren?
- Wie bist du gefahren?
- Welche Sehenswürdigkeiten hast du gesehen?
- Wo hast du gegessen?
- Wie war der Tag?

Meine Stadt 7

Zum Üben

(See page 120)

1 Teste deinen Partner/ deine Partnerin!

Which prepositions take the Dative case? Test your partner.

2 Füll diese Tabelle aus Complete the table.

	Nominativ	Dativ	Nominativ	Dativ
m	der		ein	
f	die		eine	
n	das		ein	

3 Schreib Sätze und beantworte die Fragen

Complete the sentences and answer the questions.
1. Die Bäckerei ist neben d... Supermarkt.
2. Die Post ist g... d... Bibliothek.
3. Der Bahnhof ist h... ein... Hotel.
4. Der Friseursalon ist z... d... ...... und d... ....
5. Wo ist die Schule?
6. Wo findest du die Kirche?
7. Wo befindet sich die Bank?
8. Der Markt findet dienstags statt. Wo?
9. Wo liegt das Rathaus bitte?
10. Ist das Museum gegenüber einem Supermarkt?

4 Hier ist ein Auszug aus einer Broschüre für Bremen

Read this extract from a brochure about Bremen and fill in the blanks.

Willkommen in Bremen!

Bremen ist eine Reise wert! Auf d... Marktplatz finden Sie den gothischen St. Petri Dom und das wunderschöne Rathaus mit ein... Weinkeller. Vor d... Rathaus finden Sie die Rolandsäule, Symbol von d... Stadtfreiheit. Auch neben d... Rathaus finden Sie das Denkmal der Bremer Stadtmusikanten aus d...Märchen von den Brüdern Grimm. Ein Huhn sitzt auf ei... Katze und die Katze sitzt auf ei... Esel.

Vokabeln   Siehe auch S.20, 34 und 60

In der Stadt	*In town*
die Ampel	traffic lights
der Auswanderer	emigrant
der Auszug(¨-e)	extract
die Bäckerei(-en)	baker's
der Bahnhof(¨-e)	station
die Bank	bank
die Broschüre(-n)	brochure
die Busfahrt(-en)	bus journey
das Denkmal(¨-er)	monument
der Dom(-e)	cathedral
die Fahrradtour(-en)	bicycle tour
das Freibad(¨-er)	open air swimming pool
der Friseursalon(-s)	hairdresser's
das Geschäft(-e)	shop
der Hafen(¨-)	port
das Hotel(-s)	hotel
das Informationsbüro(-s)	information office
der Kaufmann (-leute)	businessman
die Kirche(-n)	church
das Krankenhaus(¨-er)	hospital
die Kreuzung(-en)	crossroads
die Luft	air
das Mountainbike(-s)	mountain bike
das Museum(-seen)	museum
der Nachteil(-e)	disadvantage
die Neuigkeiten *(pl)*	news
der Park(-s)	park
der Parkplatz(¨-e)	parking space
die Post	post office
das Rathaus(¨-er)	town hall
die Säule(-n)	column
das Schloß(Schlösser)	castle
der Stadtplan(¨-e)	town plan
der Supermarkt(¨-e)	supermarket
der Vorteil(-e)	advantage
der Weg(-e)	way, path
der Weinkeller	wine cellar
die Werft(-en)	shipyard
der Zoo(-s)	zoo
einsam	lonely
gegenüber	opposite
hinter	behind
neben	next to/near
ruhig	quiet
umweltfreundlich	environmentally friendly
winzig	tiny
zusammen	together
zwischen	between
bestehen aus	to comprise of
bieten	to offer
fahren	to go/travel
umsteigen	to change (trains)
auf dem Markt	on the market
auf der rechten/linken Seite	on the right-/left-hand side
bis zur Ampel/Kreuzung	up to the traffic lights/crossroads
Es gibt *(+ accusative)*	There is/There are
Gibt es eine Post in der Nähe?	Is there a post office near here?
Ist es weit von hier?	Is it far from here?
Man kann schwimmen gehen	You can go swimming
Seit wann wohnst du/wohnen Sie in …?	How long have you been living in …?
Sie gehen rechts/links/geradeaus	You go right/left/straight on
Sonst noch etwas?	Anything else?
über die Brücke	over the bridge
Was gibt es für junge Leute?	What is there for young people?

Essen und Getränke	*Food and drink*
der Apfel(¨-)	apple
der Apfelstrudel	apple strudel
die Banane(-n)	banana
der Berliner	doughnut
die Birne(-n)	pear
der Blumenkohl	cauliflower
der Champignon(-s)	mushroom
die Erdbeere(-n)	strawberry
die Erdbeertorte(-n)	strawberry cake
die Johannisbeere(-n)	redcurrant
das Kännchen(-)	pot
die Kartoffel(-n)	potato
der Käsekuchen(-)	cheese cake
die Kirsche(-n)	cherry
die Kiwifrucht(¨-e)	kiwi fruit
das Kraut	cabbage
die Milch	milk
das Obst *(no pl)*	fruit
die Orange(-n)	orange
die Pampelmuse(-n)	grapefruit
der Pilz(-e)	mushroom
die Sachertorte(-n)	type of Austrian chocolate cake
die Sahnetorte(-n)	cream cake
die Schwarzwälder Kirschtorte(-n)	Black Forest gateau
die Tasse(-n)	cup
die Tomate(-n)	tomato
die Traube(-n)	grape
die Zitrone(-n)	lemon
der Zucker	sugar
die Zwiebel(-n)	onion
frisch	fresh
ein Kännchen Kaffee	a pot of coffee
eine Tasse Tee	a cup of tea
mit Milch/Sahne/Zucker?	with milk/cream/sugar?
Was darf es sein?	What would you like?

Arbeitspraktikum 8

1 Sind die Sätze richtig oder falsch?

Sabine Runge is phoning to discuss work experience.
1 Where does Sabine want to work?
2 Give the dates for when:
  - Sabine is available for work
  - she is offered the placement
3 Give two pieces of information about the working day and the size of the firm
4 Who will Sabine be working with? What work will she do?
5 What arrangements are made for an introductory meeting? Give three details

> Read the questions carefully before you listen.

2 Silke und Thomas beschreiben ihr Arbeitspraktikum

Listen to Silke and Thomas. Copy and complete the table in English.

	Silke	*Thomas*
Place of work Three tasks Positive impressions Negative impressions		

3 Was ist das ideale Arbeitspraktikum für Oliver?

Choose the ideal work experience for Oliver. Give three reasons.

> Jot down key words and ideas after you've listened for the first time.

69

4 Welche Fragen stellt der Berufsberater?

Answer the following questions on behalf of the people above.

Wie heissen Sie?
Was fur Berufspläne haben Sie?
Welche Qualifikationen haben Sie?
Was für Interessen haben Sie?
Wie viel möchten sie im Jahr verdienen?

Write down your own answers.

5 Partnerarbeit.

Kai is doing his work experience in an office.
He has a lot to do.
Read the dialogues together.
Use the pictures and adapt the words in italics.

1 First of all, he has to reserve a hotel room.

– Guten Tag. Kann ich Ihnen helfen?
– Ja. Ich suche eine Unterkunft für den *19. Mai*. Was können Sie empfehlen?
– Möchten Sie in der Stadtmitte oder außerhalb der Stadt wohnen?
– Wenn möglich *in der Stadtmitte*.
– Wie viele Zimmer?
– *Ein Einzelzimmer*, bitte.
– Und wie lange möchten Sie bleiben?
– *Drei Nächte*, bitte.
– Gut. Ich bin gleich wieder da!

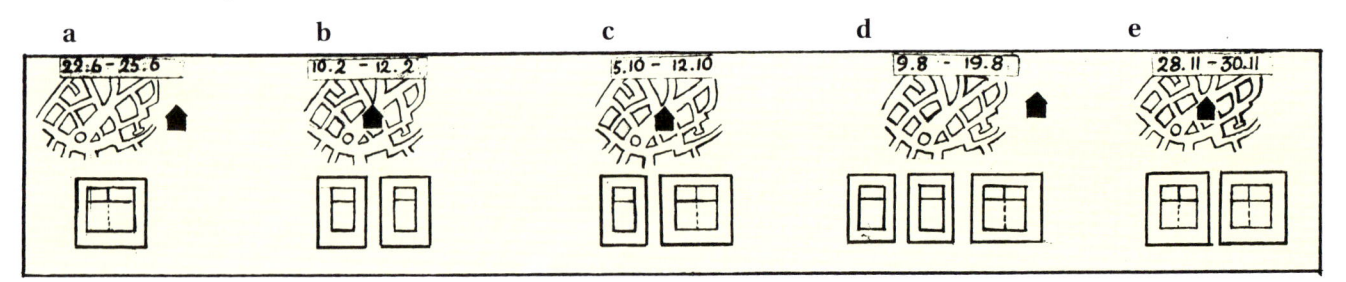

a	b	c	d	e
22.6 – 25.6	10.2 – 12.2	5.10 – 12.10	9.8 – 19.8	28.11 – 30.11

Arbeitspraktikum 8

2 Next he has to go to the tourist information office to get information about the town.

– Entschuldigung. Haben Sie *einen Stadtplan*, bitte?
– Bitte schön.
– Was gibt es in Ihrer Stadt zu sehen?
– Es gibt sehr viele Sehenswürdigkeiten. *Das Rathaus* ist besonders interessant.
– Und was gibt es abends zu machen?
– Es ist immer sehr viel los. Hier ist ein Veranstaltungskalender für Sie. Schauen Sie mal. Heute abend können Sie *ins Theater gehen*. Das wäre bestimmt schön.
– Wann beginnt die Vorstellung?
– Um *19:30*.
– Vielen Dank!
– Nichts zu danken.

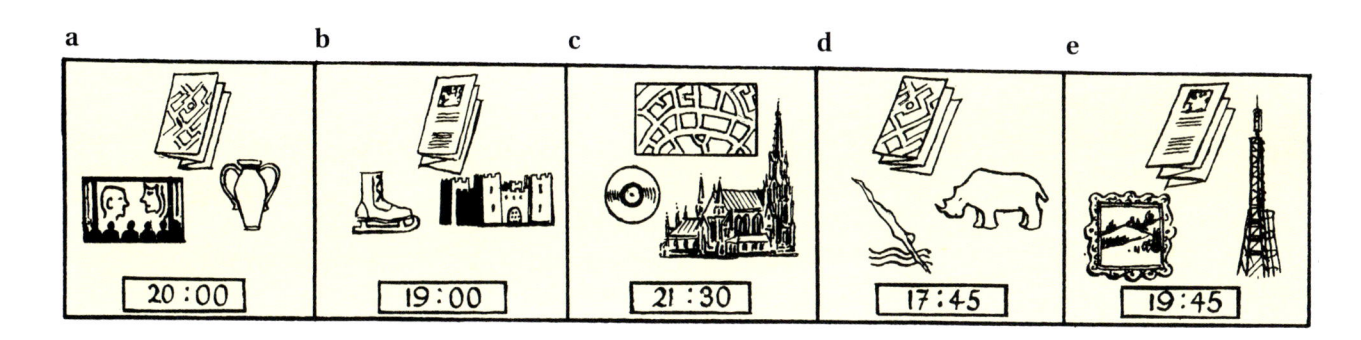

a   b   c   d   e

a	b	c	d	e
20:00	19:00	21:30	17:45	19:45

3 Lastly, Kai has to go to the railway station for travel information.

– Ich fahre nächsten *Mittwoch* nach *Frankfurt*. Wie komme ich am besten dahin?
– Am besten fahren Sie mit der Bahn.
– Wann fährt der erste Zug ab?
– Um *10:43*.
– Und wann kommt der Zug in *Frankfurt* an?
– Um *16:27*.
– Kann ich einen Platz reservieren?
– Ja natürlich. Erster oder zweiter Klasse?
– *Zweiter Klasse*, bitte.
– Raucher oder Nichtraucher?
– *Nichtraucher*.
– Danke schön. Das kostet *154,- DM* bitte.

Remember to swap roles when you are working on the dialogues. In practice you can take a different role but in speaking tests, you are always required to 'be yourself'.

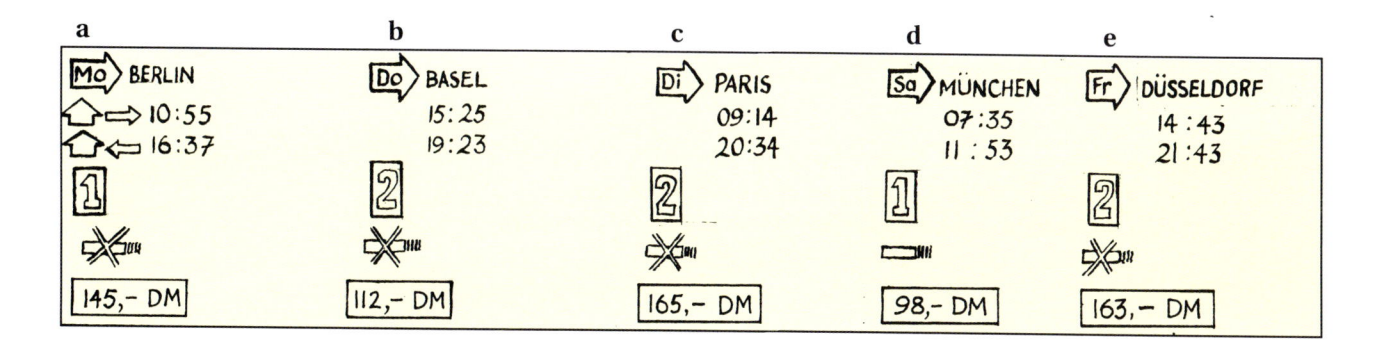

a	b	c	d	e
Mo BERLIN	Do BASEL	Di PARIS	Sa MÜNCHEN	Fr DÜSSELDORF
→ 10:55	15:25	09:14	07:35	14:43
← 16:37	19:23	20:34	11:53	21:43
1	2	2	1	2
145,- DM	112,- DM	165,- DM	98,- DM	163,- DM

6 Computer

Read the words. Which of them has nothing to do with computers?

a Diskette b Telefonanschluß c Videofilm d Schreibmaschine
e Kassettenrecorder f **Btx** g Bildschirm h Fotoapparat

7 Maja sucht einen Ferienjob

Read Maja's personal notes.

Alter: 16
vom 17.6 - 31.8
nicht mehr als vier Stunden pro Tag

Then read the job adverts.

1 Ferienjob für Student(inn)en

Meinungsforschungsinstitut MGA sucht Student(inn)en für Teilzeitarbeit in den Semesterferien (1.7. – 3.10.). Bezahlung DM 15 pro Stunde. Informationsabend Montag 18 Uhr, Aula Universität Münster.

2 Bäckerei Marquard
10 Filialen in Westfalen

Für unsere Geschäfte in Münster suchen wir freundliche **Schüler(innen) und Student(inn)en**

Sind Sie mindestens 18 Jahre alt? Dann bieten wir Ihnen für September und Oktober (mindestens 4 Wochen) eine Aushilfsstelle als Verkäufer(in). Melden Sie sich bei Frau Gleiß
Tel. 0562/67 83 73
Bäckerei Marquard
Kottengasse 23
40005 Münster

3 Münsteraner Cityreinigung
Hohenzollernring 14
Tel. 0562/60 35 83
Schülerinnen und Schüler aufgepaßt
Geld verdienen bei der Münsteraner Cityreinigung in den
Sommerferien
als gut bezahlte Reinigungskraft (ab 15 Jahre)
Arbeiten in der Zeit von 7.00 – 11.00 Uhr
wahlweise 2, 4, 6 oder 8 Stunden täglich

4 Studentenjob Taxi
Freie Zeiteinteilung. Beste Konditionen.
Tel. 0521/93 20 39

Find the best job for Maja.
Give three reasons in English, for example: working hours.
Why would the others not be suitable? Give one reason for each.

Arbeitspraktikum

8 Steffis Praktikum

Steffi did her work experience in a typical 'man's job'.
Read her description and make notes on the following:

- place of work
- family's reaction
- colleagues' reaction
- her plans for the future

What were the positive and negative aspects of the job for Steffi?
Give three details for each.

Steffi Jakobi (16 Jahre) hat im Februar ein Praktikum in einer Kfz-Werkstatt gemacht. Sie erzählt: „Mein Vater und mein Bruder sind auch Kfz-Mechaniker. Auch ich habe mich immer schon für Autos interessiert – als Kind habe ich lieber mit Spielzeugautos als mit Puppen gespielt. Für mich war immer klar: Das ist mein Traumberuf! Meine Familie war aber gar nicht begeistert, als ich das Praktikum bekommen habe: „Ist die Arbeit nicht zu schwer für ein Mädchen?" hat meine Mutter gefragt. Aber meine kleine Schwester hat sofort gesagt: „Natürlich kann Steffi das!" Und sie hatte recht! Am Anfang war die Arbeit total stressig – ich war das einzige Mädchen im Betrieb. Die Kollegen waren zuerst nicht sehr nett zu mir. „Mädchen stören hier bloß!" oder „Das kannst du ja doch nicht!" – das hörte ich den ganzen Tag. Aber nach einer Woche haben meine Kollegen mich dann akzeptiert. Sie haben gemerkt: Ich kann genauso hart arbeiten wie sie! Und Herr Körner, der Chef, war sehr hilfreich. Ich habe während des Praktikums viel gelernt. Die Arbeit als Kfz-Mechaniker ist sehr interessant. Man hat immer etwas anderes zu tun – ich hatte nie Langeweile! Aber trotzdem: Als Mädchen in einem Männerberuf darf man nicht empfindlich sein, und man muß selbstbewußt sein – das ist das Wichtigste!" Und was sind Steffis Pläne für die Zukunft? „Also, in zwei Jahren mache ich mein Abitur. Und danach möchte ich eine Lehre machen – natürlich als Kfz-Mechanikerin! Das ist immer noch mein Traumberuf!"

9 Eine Zimmerreservierung

Copy this letter of reservation into your jotter.
Use the words in the box to fill in the blanks.

```
Southampton, den 10. Oktober

Sehr geehrte Damen und Herren,

ich habe vor, ...... nach ...... zu
fahren und möchte ...... mit ......
und Fernseher reservieren lassen. Ich
komme am ...... und möchte ......
bleiben.
Können Sie auch bitte Informationen
über die ...... Ihrer Stadt und die
Umgebung schicken?

Hochachtungsvoll
```

WC, Bad, Telefon
zwei Nächte
Sehenswürdigkeiten
im Mai
ein Einzelzimmer
4. Mai
Weimar

10 Du machst dein Arbeitspraktikum in einem Büro

You are doing your work experience in an office.
Your boss has asked you to write this letter for him in German.
Use the name and address of a real hotel in Germany, Austria or Switzerland if possible.

Memo
From: R.J. Peterson
To: Young person on work experience

Please write letter in German booking the following accommodation:
3 nights
13-16 June
Double room
WC/Shower
Brochure?

11 Anjas Arbeitspraktikum

Anja has just completed her work experience in a florist's shop.
She describes a typical day.

> Für mein Arbeitspraktikum habe ich bei einem Floristen gearbeitet. Ich mußte sehr früh aufstehen — um fünf Uhr -, um zum Blumenmarkt in der Großstadt zu fahren. Hier haben wir frische Blumen aus aller Welt gekauft. So viele tolle Farben und Sorten!
> Zwischen acht und neun Uhr haben wir im Geschäft gearbeitet. Meistens habe ich mit den Blumensträußen geholfen oder ich habe die Topfpflanzen gegossen. Am Vormittag habe ich dann die Blumen im Geschäft verkauft. Manchmal waren fast keine Kunden da, aber ab und zu wurde es ziemlich hektisch.
> Nach der Mittagspause zwischen halb eins und halb zwei bin ich öfters mit dem Lieferwagen gefahren, während die Blumensträuße geliefert wurden. Das hat mir wirklich Spaß gemacht.
> Um fünf bin ich dann nach Hause gegangen. Die Arbeit war ziemlich anstrengend, aber sie hat mir sehr gut gefallen.

Summarise in English what she says about her mornings at work.
Write a brief report in German about her work experience.

Draft notes in rough first.

Beispiel:
Für ihr Arbeitspraktikum hat Anja bei einem Floristen gearbeitet. Sie mußte ...

12 Diese Schüler haben auch ein Arbeitspratikum gemacht

Describe a typical day for each pupil.

Für mein Arbeitspraktikum habe
　ich als ...... gearbeitet.
Ich mußte um ...... aufstehen.
Morgens habe/bin ich ......
Nach der Mittagspause habe/bin ich ......
Um ...... bin ich nach Hause gegangen/
　gefahren.
Die Arbeit war ......
aber/und hat mir sehr gut/ gut/ nicht
　so gut/ gar nicht gefallen.

Arbeitspraktikum 8

Zum Üben

(Exercises 1 & 2: see pages 122/3)

1 Schreib die Sätze in der Perfektform auf

Write the sentences in the Perfect tense.

1. Ich mache mein Praktikum in der Firma Fleischer.
2. Ich wohne bei meiner Tante.
3. Ich arbeite von 9 bis 5 Uhr.
4. Ich spreche oft Englisch.
5. Mittags esse ich in der Kantine.
6. Ich schreibe Briefe an andere Firmen.
7. Morgens lese ich die Zeitung.
8. Ich lerne viel.
9. Die Arbeit gefällt mir gut.
10. Ich habe viel Spaß.

2 *Haben* oder *sein*?

Complete the sentences in the Perfect tense using the correct form of haben or sein.

1. Susi ..... nie zu spät gekommen.
2. Frau Sauer ... mir am Anfang geholfen.
3. Bei schönem Wetter .... ich zu Fuß gegangen.
4. Herr Meier ... mit dem Bus zur Arbeit gefahren.
5. Susi und ich .... mittags zusammen gegessen.
6. Thomas .... zur Bushaltestelle gelaufen.
7. Vor der Firma ... ich Katja getroffen.
8. Frau Müller ... heute die U-Bahn genommen.
9. Ich ... schon in der Kantine gewesen.
10. Manchmal ... ich abends länger im Büro geblieben.

3 Verbinde die Sätze mit *während*

Begin with *während* and link the two sentences together.
Beispiel:
Ich habe Unterricht. Ich passe gut auf.
***Während** ich Unterricht habe, passe ich gut auf.*

1. Ich mache mein Praktikum. Ich gehe nicht zur Schule.
   Während ......
2. Ich mache mein Studium. Ich muß arbeiten.
   Während ......
3. Sie macht ihr Praktikum. Sie geht nicht zur Schule.
   Während ......
4. Ich telefoniere. Ich mache Notizen.
   Während ......

Mach danach neue Sätze (*während* + Genitiv-Präposition).
Beispiel: ***Während des** Unterrichts passe ich auf.*

4 *Während* – oder *als*?

Complete the sentences using *während* or *als*.

1. ...... ich aus dem Büro kam, traf ich meinen Chef.
2. Frau Meier macht Kaffee, ... ich mit zwei Kunden telefoniere.
3. ...... ich Mittagspause habe, gehe ich in die Stadt.
4. ...... ich mit meinem Praktikum anfing, war ich sehr nervös.
5. Ich freute mich, ... ich mit dem Computer arbeiten durfte.
6. Ich trinke Kaffee, ... Herr Sauer beim Chef ist.

75

Vokabeln

Siehe auch S.84 und 108.

Allgemeines	**General**
die Ahnung(-en)	idea
die Arbeit *(no pl)*	work
die Ärztin(-nen)	doctor(f)
der Arzt(¨-e)	doctor(m)
die Aula (Aulen)	hall
die Aufgabe(-n)	task
der Berufsberater(-)	careers adviser
der Betrieb(-e)	business, firm
die Bezahlung(-en)	payment
der Bildschirm(-e)	screen
der Blumenstrauß(¨-e)	bunch of flowers
das Büro(-s)	office
der Chef(-s)	boss(m)
die Chefin(-nen)	boss(f)
der Computer(-)	computer
die Diskette(-n)	floppy disc
der Eindruck(¨-e)	impression
das Eisstadion(-dien)	ice stadium
der Ferienjob(-s)	holiday job
der Fernsehturm(¨-e)	TV tower
die Firma(-en)	firm
die Floristin(-nen)	florist
das Flugblatt(¨-er)	leaflet
der Fotoapparat(-e)	camera
die Galerie(-n)	gallery
die Job-Zentrale(-n)	job centre
der Kassettenrecorder(-)	cassette recorder
die Kfz-Werkstatt(¨-en)	garage
die Lehre(-n)	apprenticeship
der Lieferwagen(-)	delivery van
der Mechaniker(-)	mechanic(m)
die Mechanikerin(-nen)	mechanic(f)
das Mofa(-s)	moped
die Nacht(¨-e)	night
der Plan(¨-e)	plan
der Polizist(-en)	policeman
die Polizistin(-nen)	policewoman
das Praktikum(Praktika)	training
die Puppe(-n)	doll
die Qualifikation(-en)	qualification
die Schreibmaschine(-n)	typewriter
die Sekretärin(-nen)	secretary
das Spielzeugauto(-s)	toy car
die Stellenanzeige(-n)	job advert
die Teilzeitarbeit	part time work
der Telefonanschluß (-anschlüsse)	telephone connection
die Topfpflanze(-n)	pot plant
die Umgebung(-en)	surroundings
die Universität(-en)	university
die Unterkunft(-künfte)	accommodation
der Veranstaltungskalender(-)	calendar of events
das Verkehrsamt(¨-er)	tourist information office
das Zimmer(-)	room
die Zukunft	future
anstrengend	strenuous
begeistert	enthusiastic
empfindlich	sensitive
endlich	finally
faul	lazy
freundlich	friendly
froh	glad
hektisch	hectic
hilfreich	helpful
hochachtungsvoll	yours faithfully (in letter)
nervös	nervous
nett	nice
praktisch	practical
schade!	shame!
schwer	difficult
selbstbewußt	self-confident
stressig	stressful
abfahren	to depart
akzeptieren	to accept
ankommen	to arrive
aufstehen	to get up
austragen	to deliver
empfehlen	to recommend
gießen	to water
sich melden	to report, contact
merken	to notice
reservieren	to reserve
stören	to disturb
suchen	to search
tippen	to type
außerhalb der Stadt	out of town
Du hast recht	You're right
Ich bin gleich wieder da	I'll be straight back
Ich trage Zeitungen in der Stadtmitte aus	I deliver newspapers in the town centre
vor allem	above all

Im Hotel	**In/at the hotel**
das Doppelzimmer(-)	double room
das Einzelzimmer(-)	single room
Haben Sie ein Zimmer für die Nacht bitte?	Do you have a room for the night please?
Ich möchte ein Einzelzimmer/ Doppelzimmer mit Bad / mit Dusche.	I'd like a single/ double room with bath/shower
Wann ist das Restaurant auf/zu?	When is the restaurant open/closed?

Berufsbewerbung 9

1 Welchen Beruf beschreiben Silke und Oliver?
Which jobs are being described?

Don't panic if you don't understand. Look at the illustrations for clues.

Silke: a b c
Oliver: a b c

2 Welches Foto paßt?
Match the jobs and people.

Martin ☐
Sandra ☐
Sven ☐

3 Welche Sätze sind richtig?

1 Meike
  a ...would really like to study medicine.
  b ...would most like to study chemistry.

2 Die meisten ihrer Klassenkameraden
  a ...want to earn lots of money.
  b ...still don't know what they want to do after the Abitur exam.

3 Karriere
  a ... is very important to Meike.
  b ... is not the most important thing for Meike.

4 What does Meike say about university places nowadays?

5 What training does her friend want to do?

6 Why does she ask Kirsten to wish her luck.

4 Ein Vorstellungsgespräch mit Herrn Meier

Herr Meier made some notes during his conversation with Monika.
He has made four mistakes. Correct them in English.

– Monika Lischke
– Going to sit Abitur in February
– Attends Geschwister-Scholl-Gesamtschule
– Would like to train to be a secretary
– Hobbies are computers, reading and tennis
– Speaks English and French
– Got a one in English and a two in maths in last report
– Did work experience in our office last summer
– Liked the work very much
– Hopes to be able to work a lot with computers
– Asked about money and working hours

Read the notes before listening.

77

5 Welcher Beruf?

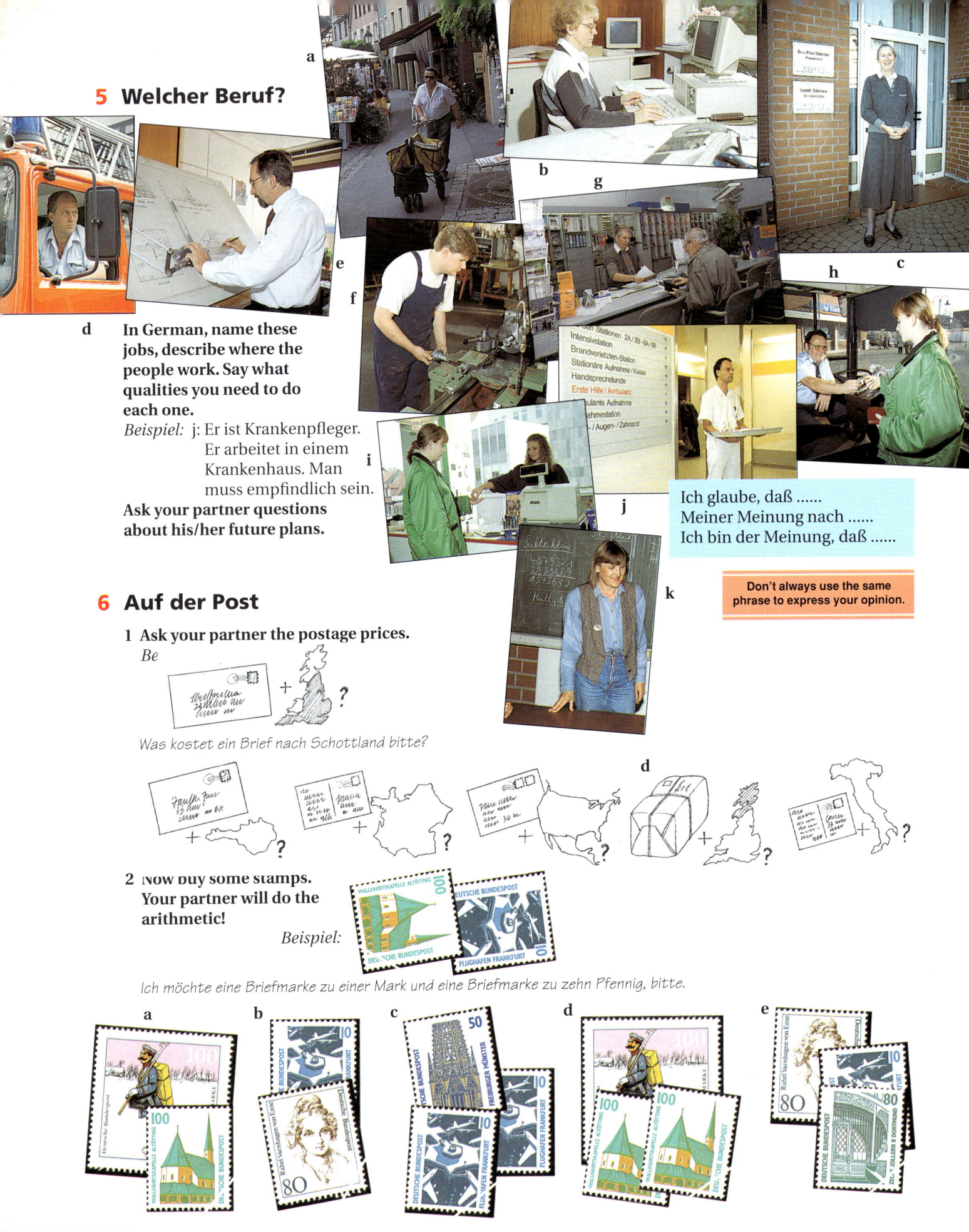

In German, name these jobs, describe where the people work. Say what qualities you need to do each one.

Beispiel: j: Er ist Krankenpfleger. Er arbeitet in einem Krankenhaus. Man muss empfindlich sein.

Ask your partner questions about his/her future plans.

Ich glaube, daß ......
Meiner Meinung nach ......
Ich bin der Meinung, daß ......

Don't always use the same phrase to express your opinion.

6 Auf der Post

1 Ask your partner the postage prices.

Beispiel:

Was kostet ein Brief nach Schottland bitte?

2 Now buy some stamps. Your partner will do the arithmetic!

Beispiel:

Ich möchte eine Briefmarke zu einer Mark und eine Briefmarke zu zehn Pfennig, bitte.

Berufsbewerbung 9

3 What will these people say?

Beispiel:
Junge: Ich möchte dieses Paket nach ...... schicken, bitte. Was kostet das?
Beamter: ......

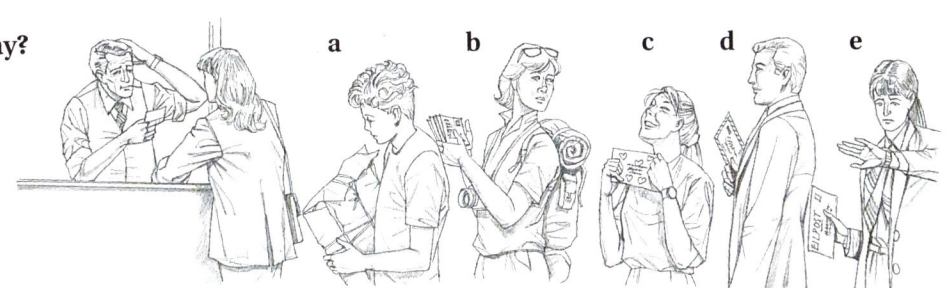

7 Du bist bei der Bank

1 You are changing money. Work out what you should say. Using the current exchange rate, calculate the amounts.

Beispiel:
50 Pfund in D-Mark? Ja, Sie bekommen DM140

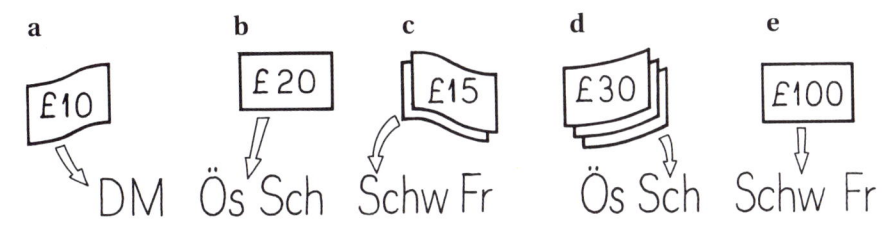

a £10 → DM
b £20 → Ös Sch
c £15 → Schw Fr
d £30 → Ös Sch
e £100 → Schw Fr

2 Conversation in a bank.

- Fill in the blanks using the words below.
- Put the sentences into the correct order.
- Practise the dialogue with a partner.

– Danke schön. Und hier ist Ihr ....
– Ja. Ich möchte diesen Reisescheck ...... , bitte.
– Haben Sie Ihren ......, bitte?
– Vielen Dank. Auf Wiedersehen.
– Bitte schön. Wie steht der ...... heute?
– Auf Wiedersehen.
– Guten Tag. Kann ich ...... helfen?
– Ein ...... zu zwei Mark zwanzig. Können Sie bitte hier ....

| Kurs | Ihnen | Geld | Paß |
| Pfund | einlösen | unterschreiben |

8 Bei der Reinigung

Take the scarecrow's clothes to the drycleaners.

Beispiel: Ich möchte diese braune Hose reinigen lassen bitte. Sie ist aus Leinen

79

9 Lies diese Lebensläufe

Answer the questions.

1. What nationality is the person who wants to be a hairdresser?
2. Who wants to be a bank clerk. Where did he/she go to primary school?
3. Which career does Simone Waldmann hope to take up? Which hobby do she and Oslam Salyhan both have?
4. Who is the oldest? What qualification does he/she have?

1

```
LEBENSLAUF

Name:                    Simone Waldmann
Alter:                   17
Geburtsdatum:            3.4.79
Geburtsort:              Bremen
Staatsangehörigkeit:     deutsch
Adresse:                 Goldstraße 23,
                         28277 Bremen
Telefonnummer:           0421/60 20 35
Schulbildung:            1985 – 1989 Grundschule
                         Hechelstraße
                         Seit 1989 Schulzentrum
                         Drebberstraße
Qualifikationen:         Realschulabschluß
Hobbys:                  Lesen, Wandern,
                         Skifahren
Berufswunsch:            Krankenschwester
```

2

```
           LEBENSLAUF

Name:                    Öslam Salyhan
Alter:                   17
Geburtsdatum:            22.10.79
Geburtsort:              Ankara/Türkei
Staatsangehörigkeit:     türkisch
Adresse:                 Halmgasse 19,
                         5048 Frankfurt
Telefonnummer:           0621/67 90 14
Schulbildung:            1985 – 1989:
                         Grundschule in
                         Ankara
                         Seit 1989:
                         Ernst-Reuter
                         Hauptschule
Qualifikationen:         Hauptschulabschluß
Hobbys:                  Lesen, Kochen,
                         Volleyball
Berufswunsch:            Friseuse
```

3

```
LEBENSLAUF

Name:                    Lars Reinhart
Alter:                   18
Geburtsdatum:            13.9.79
Geburtsort:              Lübeck
Staatsangehörigkeit:     deutsch
Adresse:                 Kantweg 14,
                         20044 Lübeck
Telefonnummer:           0288/78 39 31
Schulbildung:            1984 – 1988:
                         Grundschule in Kiel
                         Seit 1988:
                         Hansetor Realschule
Qualifikationen:         Realschulabschluß
Hobbys:                  Computer
Berufswunsch:            Bankkaufmann
```

4

```
Lebenslauf

Name:                    Florian Block
Alter:                   19
Geburtsdatum:            31.3.1977
Geburtsort:              Leipzig
Staatsangehörigkeit:     deutsch
Adresse:                 Marx-Str. 104,
                         10281 Leipzig
Telefonnummer:           0301/20 54 31
Schulbildung:            1983 – 1987:
                         Grundschule in Leipzig
                         Seit 1987:
                         Brecht-Gymnasium
                         Leipzig
Qualifikationen:         Abitur
Hobbys:                  Fußball, Fotografieren
Berufswunsch:            Ingenieur
```

Berufsbewerbung 9

10 Lies den Artikel über Mechtild Grewe

Answer the questions.

Wir besuchten Mechtild Grewe (29). Sie ist Lehrerin für Französisch und Latein am Geschwister-Scholl-Gymnasium in Duisburg.

Lehrerin

Mechtild Grewe ist seit 10 Monaten am Geschwister Scholl-Gymnasium. Sie erzählt: „Ich bin aber noch keine „richtige" Lehrerin, sondern Referendarin! Ich mache hier ein Jahr lang meine praktische Lehrer-Ausbildung. Das heißt aber nicht, daß ich weniger hart arbeiten muß als meine Kollegen", lacht sie. Mechtild hat vorher fünf Jahre lang Französisch, Latein und Pädagogik an der Universität Münster studiert.

Mechtild unterrichtet 12 Schulstunden in der Woche. „Meine Schüler und Schülerinnen sind zwischen 16 und 19 Jahren alt", erzählt sie. „Ich unterrichte sechs verschiedene Kurse - drei in Latein und drei in Französisch. Außerdem muß ich natürlich die Stunden vorbereiten, Hausaufgaben und Klausuren korrigieren - das ist viel Arbeit!" Der Unterricht macht ihr jedoch am meisten Spaß: „Die Schüler sind wirklich super. Sie haben mich sofort akzeptiert - dieses Glück hat nicht jeder Referendar!"

Welche Eigenschaften muß denn ein guter Lehrer haben? „Als guter Lehrer mußt du die Schüler ernst nehmen. Du mußt ihnen zeigen, daß dein Unterrichtsfach interessant ist und Spaß macht. Wichtig ist aber auch, daß man sich durchsetzen kann - und man muß Humor haben!"

Mechtild ist auch außerhalb ihres Unterrichts an der Schule aktiv: „Ich habe im letzten Halbjahr eine Theater AG gegründet. Wir proben einmal die Woche nachmittags in der Aula. Wir haben auch schon zwei Stücke aufgeführt - das hat den Schülern und mir riesigen Spaß gemacht!"

In einigen Wochen wird Mechtild das Geschwister Scholl-Gymnasium verlassen. „Ich würde gerne hierbleiben - das ist klar. Ich weiß nämlich nicht, ob ich später eine richtige Stelle als Lehrerin bekommen werde - es gibt in Westdeutschland zu viele arbeitslose Lehrer", erklärt sie. Sie ist jedoch optimistisch: „Dann gehe ich eben nach Ostdeutschland - dort gibt es genug freie Stellen. Ich möchte nämlich unbedingt als Lehrerin arbeiten - es gibt für mich keinen schöneren Beruf!"

1 Mechtild is not a 'proper teacher.' Explain her position.
2 Where did she go to university? What three subjects did she study?
3 Give details about her work: pupils, subjects, hours.
4 Mechtild enjoys teaching. What reason does she give?
5 What problem is faced by many teachers in Western Germany?

11 Wie is ein „gutes" Lehrer?

Mechtild describes the qualities of a good teacher. Give three examples.

81

12 Was soll Anna zum Interview tragen?

Complete the letter to Anna.

Liebe Anna,

viel Glück für morgen beim Interview!
Wie fährst Du nach Mannheim? Weißt Du schon, was Du trägst? Etwas Konventionelles rat ich Dir und lieber nicht Deinen schwarzen Minirock und Deine alte Jeansjacke!! Ich schlage vor, Du trägst am besten folgendes: eine weiße Bluse, ...

Schreib mir bitte, wenn Du wieder zu Hause bist.

Deine
Mutti

13 Schreib einen Bewerbungsbrief auf deutsch

Your penfriend has sent you this job advert from her local paper. Write a short letter of application.

> **Junge Leute!**
> Habt Ihr schon Pläne für den Sommer?
> Möchtet Ihr Spaß haben und auch Geld verdienen?
> Wir haben noch Stellen frei als Helfer bei unserem Sommerlager für Kinder.
> Wenn Ihr Interesse daran habt, schreibt mir bitte einen kurzen Brief, in dem Ihr mir ein bißchen über Euch erzählt – Hobbys, Interessen, Charakter, Lieblingsmusik usw.
> Antwort an R. Arnold, Berlinerstr. 90, 69151 Neckargemünd

14 Interviewtips

Write five interview tips in German for a friend.   *Beispiel: Ich schlage vor, du trägst eine schicke Jacke.*

15 Ein Lebenslauf

Read this CV. Write your own CV in German.

Look at the CVs on page 80. Write your CV again in that format

> **Mein Lebenslauf**
>
> Ich heiße Bernard Müller und ich bin am 26. Februar 1978 in Mannheim geboren.
> Ich wohne jetzt mit meiner Familie in Mainz, wo mein Vater als Tierarzt arbeitet.
> Meine Mutter ist Hausfrau. Ich habe zwei Schwestern. Die ältere Schwester studiert in Mainz, um Tierärztin zu werden und die jüngere Schwester geht noch in die Schule.
> Ich besuche die Heinrich Kessler Realschule und meine Lieblingsfächer sind Mathe und Biologie. In meiner Freizeit treibe ich viel Sport und ich höre auch sehr gern Musik.
> Nach der Schule möchte ich Polizist werden.

Berufsbewerbung 9

Zum Üben

(Exercises 1 & 2, see page 119; Ex. 3 & 4 see page 124)

1 Adjektivendungen

Complete the table.

	Maskulin	Feminin	Neutrum	Plural
Nominativ	der schwarze Anzug	die weiße Bluse	das neue Hemd	die braunen Schuhe
Akkusativ				
Genitiv				
Dativ			Beispiel: Dativ/Plural	– den braunen Schuhen

2 Bilde Sätze

Beispiel:
Ich trage ein rotes Kleid

1 2 3 4 5 6 7

Look at the pictures and write sentences.

3 Kennst du die Konditionalformen?

Fill in the conditional tense and write full sentences with each.

ich	(sein)	ich wäre
du	(müssen)	–
er/sie/es	(können)	–
wir	(dürfen)	–
ihr	(sollen)	–
sie	(wollen)	–
Sie	(haben)	–

4 Bilde Sätze mit *wenn* und der Konditionalform

Link the phrases using wenn and the conditional tense.
Beispiel: Wenn ich reich wäre, würde ich nicht arbeiten. (reich sein/arbeiten)
1 bessere Noten haben/nach dem Abitur studieren
2 in den Ferien arbeiten können/ich freue mich
3 zu einem Interview gehen müssen/meinen besten Anzug tragen
4 mehr Zeit haben/einen Computerkurs machen
5 der Chef sein/nett zu den Lehrlingen sein
6 Fremdsprachen können/Dolmetscherin werden
7 mehr Geld haben/einen Computer kaufen
8 krank sein/nicht zur Arbeit gehen

83

Vokabeln Siehe auch S.76

Allgemeines	*General*
der Abiturient(-en)	*A level student(m)*
die Abiturientin(-nen)	*A level student(f)*
die Anzeige(-n)	*advert*
der Anzug(¨-e)	*suit*
die Ausbildung	*training*
die Berufsbewerbung(-en)	*job application*
der Bewerbungsbrief(-e)	*letter of application*
der Brief(-e)	*letter*
die Briefmarke(-n)	*stamp*
die Eigenschaft(-en)	*characteristic*
das Geld *(no pl)*	*money*
die Hausaufgabe(-n)	*homework*
das Interview(-s)	*interview*
die Klausur(-en)	*test*
der Kurs(-e)	*course*
der Lebenslauf(¨-e)	*cv*
die Mark(-)	*mark*
die Ortzeitung(-en)	*local newspaper*
das Paket(-e)	*parcel*
der Paß(¨-sse)	*passport*
der Pfennig(-e)	*pfennig*
die Postkarte(-n)	*postcard*
die Reinigung	*cleaner's, launderette*
der Reisescheck(-s)	*traveller's cheque*
das Sommerlager	*summer camp*
die Stelle(-n)	*job, position*
das Stück(-e)	*piece, play (theatre)*
der Studienplatz(¨-e)	*college place*
die Vogelscheuche(-n)	*scarecrow*
das Zeugnis(-se)	*report*
ernst	*serious*
(**ab**)schicken	*to send (off)*
bekommen	*to get/obtain*
dürfen	*to be allowed to*
einlösen	*to cash (a cheque)*
können	*to be able to*
korrigieren	*to correct*
müssen	*to have to*
proben	*to practise*
raten	*to advise*
sein	*to be*
sich **durch**setzen	*to hold your ground*
sollen	*to be obliged to*
studieren	*to study*
tragen	*to wear*
unterrichten	*to teach*
unterschreiben	*to sign*
verdienen	*to earn*
verlassen	*to leave*
vorschlagen	*to suggest*
warten auf (+ accusative)	*to wait for*
wechseln	*to change (money)*
wollen	*to want*
zeigen	*to show*

Berufe	*Jobs*
der Arzt(¨-e)	*doctor(m)*
die Ärztin(-nen)	*doctor(f)*
die Bankkauffrau(-en)	*bank clerk(f)*
der Bankkaufmann(¨-er)	*bank clerk(m)*
der Briefträger(-)	*postman*
der Busfahrer(-)	*bus driver(m)*
die Busfahrerin(-nen)	*bus driver(f)*
der Dolmetscher(-)	*interpreter(m)*
die Dolmetscherin(-nen)	*interpreter(f)*
die Feuerwehrfrau (-en)	*fire fighter (f)*
der Feuerwehrmann(¨-er)	*fire fighter (m)*
der Friseur(-e)	*hairdresser(m)*
die Friseuse(-n)	*hairdresser(f)*
der Ingenieur(-e)	*engineer(m)*
die Ingenieurin(-nen)	*engineer(f)*
der Krankenpfleger(-)	*nurse(m)*
die Krankenschwester(-n)/ Krankenpflegerin(-nen)	*nurse(f)*
der Lehrer(-)	*teacher(m)*
die Lehrerin(-nen)	*teacher(f)*
der Mechaniker(-)	*mechanic(m)*
die Mechanikerin(-nen)	*mechanic(f)*
die Polizistin(-nen)	*police officer(f)*
der Polizist(-en)	*police officer(m)*
der Referendar(-e)	*student teacher(m)*
die Referendarin(-nen)	*student teacher(f)*
die Reisebürokauffrau(-en)	*travel agent(f)*
der Reisebürokaufmann(¨-er)	*travel agent(m)*
der Tierarzt(¨-e)	*vet(m)*
die Tierärztin(-nen)	*vet(f)*

(Unless stated otherwise, to make the female forms of jobs add -in to the male form of the noun. eg der Mechaniker, die Mechanikerin.)

Kleidung	*Clothing*
die Bluse(-n)	*blouse*
der Büstenhalter(BH)	*bra*
das Hemd(-en)	*shirt*
die Hose(-n)	*pair of trousers*
der Hut(¨-e)	*hat*
die Jacke(-n)	*jacket*
die Jeans	*jeans*
das Kleid(-er)	*dress*
die Krawatte(-n)	*tie*
der Mantel(¨-)	*overcoat*
die Mütze(-n)	*cap*
der Regenmantel(¨)	*raincoat*
der Schlips(-e)	*tie*
die Schuhe *(pl)*	*shoes*
die Socken *(pl)*	*socks*
die Stiefel *(pl)*	*boots*
das T-Shirt(-s)	*t-shirt*

Inselträume 10

1 Wohin fahren Susanne, Kai und Oliver in Urlaub?

Choose the correct destination for each person.

2 Ina sucht Unterkunft

Ina phones a youth hostel to reserve a room. On which three nights will there be a room free? On which of these is Ina able to stay?

Montag	Dienstag	Mittwoch	Donnerstag	Freitag	Samstag	Sonntag
Berghotel Wasmeier – günstiger Schülertarif!	Jhbg. Ammersee 18 Uhr!				Gasthof Mittermaier 0871-678300	Waldhof „Beim Enzian" Zimmer bestellt am 3.1.
8. Januar	9. Januar	10. Januar	11. Januar	12. Januar	13. Januar	14. Januar

3 Kreuz die richtigen Antworten an

Note the correct answer.

1 Lars is going on holiday to
   a Spain
   b Greece

2 He wants to
   a laze around
   b play sport

3 He is travelling
   a by train
   b by plane

4 Lars is going with
   a his parents
   b his friends

5 He is going away for
   a two weeks
   b three weeks

6 Next year Lars wants to
   a visit America
   b go to England

4 Warum verreist Monika in den Ferien nicht?

Give five details of Monika's summer job.

85

5 Reiseziele

Look at the photos.
Choose three. Describe in German:
- Your ideal holiday.
  Beispiel: Ich würde gern ins Gebirge fahren.
- A holiday in the past.
  Beispiel: Letzes Jahr waren wir auf einem Segelboot
- This year's holiday plan
  Beispiel: Diesen Sommer fahren wir nach Spanien.

Make up more ideas. Write them down.

Make sure that you use the right tenses for past and future events.

Du bist dran

1. Wohin fährst du dieses Jahr in Urlaub?
2. Wo warst du letztes Jahr im Urlaub?
3. Wie bist du hingefahren?
4. Mit wem bist du gefahren?
5. Was hast du alles gemacht?
6. Wie war das Wetter?
7. Wo hast du gewohnt?
8. Für wie lange warst du dort?
9. Wenn du £10 000 hättest, wohin würdest du fahren?
10. Was möchtest du dort machen?

6 In der Apotheke

Take turns to be the customer/chemist.

A Guten Morgen. Kann ich Ihnen helfen?
B Ja. Ich habe *Magenschmerzen*. Haben Sie etwas dagegen, bitte?
A Nehmen Sie *diese Tabletten mit Wasser zweimal täglich nach dem Essen.*
B Drei Mark fünfzig, bitte.

Adapt the dialogue with new symptoms and advice.

Inselträume 10

7 In der Jugendherberge

A ist ein Junge/Mädchen
B ist der Herbergsvater/die Herbergsmutter

A: Haben Sie noch Plätze frei, bitte?
B: Wie lange möchten Sie bleiben?
A: *Drei Nächte.*
B: Und wie viele Personen gibt es in Ihrer Gruppe?
A: *Drei – zwei Jungen und ein Mädchen.*
B: Ja. Wir haben Betten frei. Schlafraum *drei* für *die Jungen* und Schlafraum *neun* für *das Mädchen*.
A: Können wir hier *kochen*?
B: Ja. *Die Küche ist im Keller.*

Practise asking for accommodation at a youth hostel.

Remember You can play a different role when you are practising. In speaking assessments, you will always 'be yourself'.

8 Auf dem Campingplatz

A ist ein Urlauber
B ist der Campingplatzleiter

A: Haben Sie noch Platz für *ein Zelt* frei, bitte?
B: Ja. Wie viele Nächte möchten Sie bleiben?
A: *Zwei Nächte.*
B: Ja. Kein Problem. Platz Nummer *sieben. Neben dem Laden.*
A: Gibt es hier *ein Freibad*?
B: *Leider nicht.*
A: Und kann man hier *eine Zeitung* kaufen?
B: *Ja. Natürlich.*

Practise making the arrangements. Adapt the dialogue.

87

9 Welcher Satz paßt zu welchem Urlaub?

Which holiday would best suit... ?
a 15 year-old German pupils keen on English
b Sporty people who like hot weather
c A student who wants to see the world
d A family wanting a beach holiday in a hotel

Choose two destinations.
Write about why you would like to go there.

1
Billigflüge weltweit
MAXI Reisen - zu Mini-Preisen

Besonders preiswert:
USA – EUROPA – ASIEN

MAXI Reisen
Katharinenhof 2
28277 Bremen
Tel. 0421 608468

2
Sprachreisen nach England, Irland, USA
* Intensivkurse (4 Wochen)
* Cambridge-Zertifikat
* Jugendreisen für Schüler 10-18 Jahre
* High School Jahr in den USA
* Extrakurse in den Schulferien
Sprachen lernen – vor Ort!
D.A.S. Sprachreisen

Auskünfte erhalten Sie bei:
D.A.S. Sprach- und Studienreisen
Semmergasse 16
80421 München
Tel. 08050/51 80 90

3
DEN SOMMER ENTDECKEN
Machen Sie mit!
Aktivurlaub im Club Aldiana
GRAN CANARIA
* Tenniskurse * Tauchen * Wasserski * Windsurfen *
Rufen Sie uns an: 0892 - 40 61 43

4
Das komfortabelste Hotel der Insel
Sylt/Westerland
Strandhotel Meeresblick
Einzel-, Doppelzimmer und Appartments
Schwimmbad im Haus
Absolut ruhige Lage
Nur 200 m bis zum Nordseestrand
Tagungsraum mit 40 Plätzen
Drei-Sterne-Küche
Reservierungen: 04651/67 33 93

10 Wer hat am meisten Urlaub?

1 Give two details about working conditions in Germany.
2 How does Holland compare to Germany?
3 Which two countries are at the bottom of the league?

Mention one detail about each.

Deutsche Vizeweltmeister

Mit durchschnittlich 31 bezahlten Urlaubstagen und neun bezahlten Feiertagen sind die Deutschen Vizeweltmeister beim Urlaubmachen. Nur die Niederländer haben noch einen Tag mehr Freizeit aufzuweisen. Das hat das Institut der Deutschen Wirtschaft herausgefunden. Schlußlichter der Tabelle sind die USA mit nur 23 und die Japaner mit 25 Tagen bezahlter Freizeit.

Inselträume 10

11 Katjas Sommerferien

Katja has travelled through Europe by train. Explain her route.
Summarise her impressions/experience of each place.

Hallo Jan!
Auf dieser Insel ist es herrlich ruhig - ich kann mich hier richtig gut erholen! Schade, daß mein Urlaub bald vorbei ist - in drei Tagen fahre ich nach München zurück.
Bis dann
Deine
Katja

Hallo Susi!
Paris ist toll!! Ich bin aber ziemlich müde - die Reise von London durch den Kanaltunnel war ganz schön aufregend! Nachher gehe ich in den Louvre - ich freue mich schon! Und morgen fahre ich nach Capri - das ist eine kleine italienische Insel.
Tschüs
Katja

Liebe Oma,
hier regnet es den ganzen Tag - und ich möchte so gern einen Stadtbummel machen! Morgen früh mache ich eine Bootsfahrt auf der Themse, und nachmittags will ich zur Tower Bridge - hoffentlich ist das Wetter dann besser...
Viele liebe Grüße
Deine
Katja

Hi Tom,
ich bin gestern abend von München hier angekommen - Berlin ist eine Reise wert! Ich habe aber ein Problem: dieser Berliner Dialekt - ich verstehe nicht viel.... Aber das macht nichts - ab morgen muß ich Englisch sprechen!
Bis bald!
Katja

---

12 Lies den Artikel und mach Notizen

Make up 10 questions in English for your partner.
Swap questions and write your answers.

Besuch in einer anderen Welt

Abflug war am 9. November 1991 von Frankfurt. Mit ihrer Begleiterin Corinna Eichhorn von World Vision und der Fotografin Barbara Maurer ging es über Brüssel nach Dakar in Senegal, der ersten Station ihrer Afrika-Reise.

Von dort aus fuhr die Gruppe mit dem Geländewagen in die Louga-Region. Hier arbeitet World Vision an Hilfsprojekten, die von deutschen Spendern finanziert wurden. Ganz wichtig ist die Wasserversorgung im Trockengebiet: Brunnen müssen gebohrt werden. Das ist eine Arbeit, die oft stundenlang dauert. Der Moment, in dem Wasser aus dem Boden schießt, ist ein großes Ereignis. Stephanie: „Wir haben erlebt, wie sich die Menschen über das Wasser freuen. Sie feiern den Erfolg mit Freudenschreien und Tänzen."

Überall wurden die jungen Reporterinnen freundlich empfangen. Sie bekamen einen Eindruck vom Leben in den Dörfern und Hütten, aßen zusammen mit den Familien Maisbrot und einheimische Gerichte. In einigen Dörfern besuchten sie den Schulunterricht, den World Vision für Kinder und Eltern durchführt, und sie waren bei Impfungen gegen Masern, Tetanus, Gelbfieber und anderen Krankheiten dabei.

Mit anderen Projekten will man der Landwirtschaft helfen und Arbeitsplätze schaffen. Die Menschen lernen, Obst und Gemüse haltbar zu machen, Fische zu züchten, Getreide zu mahlen, Seife herzustellen oder Stoffe zu färben. Dazu schrieb Stephanie nach ihrer Rückkehr: „Auffällig ist, daß die Afrikaner alle sehr stolz sind und ihre Armut durch bunte, auffallende Kleider verbergen wollen. Viele Frauen haben schon gelernt, sich selbst zu organisieren. Sie sind in einer Art Genossenschaft. Sie legen gemeinsam Preise fest und verwenden die Gewinne für das ganze Dorf."

Melanie berichtete: „Mir ist klar geworden, daß die Menschen, die in der Dritten Welt leben, es auf keinen Fall ohne unsere Hilfe schaffen."

Ein Satz steht in allen Berichten der drei Afrika-Korrespondentinnen: Eigentlich müßten alle Menschen in den Industrieländern diese Not einmal erleben, um zu erfahren, wie gut es ihnen selbst geht.

Read the article and identify new ideas in each paragraph.

13 Du machst nächste Woche einen Campingurlaub

You are packing to go camping.
Write a check list in German.

14 Campingplatz an der Sonne

Write a letter in German to book a pitch. Use all the details.

Campingplatz an der Sonne, Hirschweg 34,
   7821 Littenweiler
Tel: 0498 76597
Ruhige Lage mit 30 Plätzen; Duschen und
   Toiletten; Laden; keine Hunde.
Preise ab 12 DM pro Zelt pro Nacht.

3 nights from 23rd Aug.
4 people / 2 tents
Ask if shop sells bread and milk
Ask for brochure

15 Du warst gerade im Urlaub

Here are your holiday photos! Answer your partner's questions.

- Wo warst du?
- Mit wem warst du dort?
- Wie war das Wetter?
- Was hast du alles gemacht?
- Wie war es?

Look at the photos for clues.

16 Herzlichen Glückwunsch!

You have won the lottery!

Talk in German about where you will go.
Write six sentences with details.

90

Inselträume 10

Zum Üben

(Exercises 1, 2&3 see pages 122/3; ex.4 see page 124)

1 Füll die Tabellen aus

Fill in the correct form of *haben* **and** *sein*.

haben	sein
ich *habe*	ich *bin*
du ...	du ...
er/sie/es ...	er/sie/es ...
wir ...	wir ...
ihr ...	ihr ...
sie ...	sie ...
Sie ...	Sie ...

2 Füll die Lücken aus

Fill in the blanks.

			haben oder sein
1	machen	*gemacht*	*haben*
2	spielen		
3		gegessen	
4		gegangen	
5	schreiben		
6	fahren		
7		gelernt	
8	besuchen		
9	lesen		
10		geschwommen	

3 Ergänze diese Sätze

Put these present tense sentences into the perfect tense.
Beispiel: Heute mache ich einen Spaziergang (meine Hausaufgaben)
Gestern **habe ich meine Hausaufgaben gemacht**

1 Heute spiele ich Tennis (Basketball)
   Gestern ...
2 Heute esse ich Pizza (Wurst)
3 Heute abend gehe ich ins Kino (Theater)
4 Heute schreibe ich einen Brief an Monika (eine Postkarte an Sabine)
5 Heute fahre ich mit dem Bus in die Stadt (mit der Bahn)
6 Heute lerne ich Mathe in der ersten Stunde (in der vierten Stunde)
7 Heute besuche ich meine Tante (meine Oma)
8 Heute lese ich einen Roman (eine Zeitschrift)
9 Heute schwimme ich im Hallenbad (im Freibad)

4 Ergänze die Sätze

Link the sentences using wenn.
Beispiel: Ich bin reich. Ich kaufe mir ein großes Haus.
Wenn ich reich wäre, würde ich mir ein großes Haus kaufen.

1 Ich bin sehr sportlich. Ich treibe viel Sport.
   Wenn ......
2 Ich bin sehr schön. Ich werde (ein) Filmstar.
3 Ich bin ziemlich unfit. Ich gehe jeden Tag spazieren.
4 Ich bin sehr kontaktfreudig. Ich lerne viele neue Leute kennen.

Vokabeln Siehe auch S.20.

Allgemeines	**General**
die Apotheke(-n)	chemist's
die Dusche(-n)	shower
der Feiertag(-e)	day off
das Fieber	temperature, fever
das Geschäft(-e)	shop
die Herbergseltern *(pl)*	hostel wardens
die Herbergsmutter	hostel warden(f)
der Herbergsvater	hostel warden(m)
die Insel(-n)	island
die Jugendherberge(-n)	youth hostel
der Keller(-)	cellar
die Klamotten *(pl)*	'gear' (clothes)
der Laden(¨-)	shop
das Medikament(-e)	medicine
die Salbe(-n)	ointment
der Schlafraum(¨-e)	bedroom
der Schlafsack(¨-e)	sleeping bag
der Schmerz(-en)	pain
das Segelboot(-e)	sailing boat
der Sonnenbrand	sunburn
der Sprachkurs(-e)	language course
die Tablette(-n)	tablet
die Telefonzelle(-n)	telephone box
der Terminkalender(-)	calendar
der Traum(¨-e)	dream
der Urlaub(-e)	holiday(s)
der Urlaubstag(-e)	day's holiday
die Waschmaschine(-n)	washing machine
der Wohnwagen(-)	caravan
der Zahnarzt(¨-e)	dentist(m)
die Zahnärztin(-nen)	dentist(f)
das Zelt(-e)	tent
ausleihen	to lend, borrow
bleiben	to stay
faulenzen	to be lazy
kochen	to cook
reiten	to ride
schwimmen	to swim
sich erholen	to recover
verreisen	to go away on holiday
wohnen	to live
einmal/zweimal täglich	once/twice daily
Haben Sie etwas dagegen?	Have you got anything (medicine) for it?
Haben Sie noch Platz frei, bitte?	Have you got any room left, please?
Ich habe Fieber/ Magenschmerzen	I've got a temperature/ stomach ache
im Erdgeschoß	on the ground floor
im ersten/zweiten Stock	on the first/second floor
im Keller	in the cellar
nach dem Essen	after a meal
Nehmen Sie diese Tabletten	Take these tablets
Wie viele Nächte möchten Sie hier bleiben?	How many nights would you like to stay here?

Körperteile	**Parts of the body**
der Arm(-e)	arm
das Auge(-n)	eye
der Bauch	stomach
das Bein(-e)	leg
die Brust	chest
der Finger(-)	finger
der Fuß(Füsse)	foot
das Fußgelenk(-e)	ankle
das Haar(-e)	hair
der Hals	neck, throat
die Hand(¨-e)	hand
das Handgelenk(-e)	wrist
das Knie	knee
der Magen(¨-)	stomach
der Mund(¨-er)	mouth
die Nase(-n)	nose
das Ohr(-en)	ear
der Rücken(-)	back
die Schulter(-n)	shoulder
der Zahn(¨-e)	tooth
der Zeh(-e)	toe

Probleme 11

1 Was haben diese Touristen verloren?

Identify the correct item.

a b c d e

f g h i

2 Was paßt zusammen?

Identify each person's problem. Explain each briefly in English.

a b c d

e f g h

3 Andi macht ein Videoprojekt

1 What age is Emine and what nationality is she?
2 Emine goes to a Realschule. What class is she in?
3 What would Emine like to do when she leaves school?
4 a What does Andi ask about her parents?
  b How does Emine reply? Give two details.
5 a Exactly where would her parents like to move back to? Give three details.
  b Explain why they would particularly like to do this.
7 What are Emine's feelings about Germany? Give two details.

93

4 Im Modeladen

Talk to your partner about problems with new clothes.

Beispiel: Letzten Montag habe ich mir einen grauen Mantel gekauft. Er ist mir viel zu groß. Dann am Dienstag...

Und du? Was hast du gekauft?

a   b   c   d   e

5 Wie heißen die Autoteile?

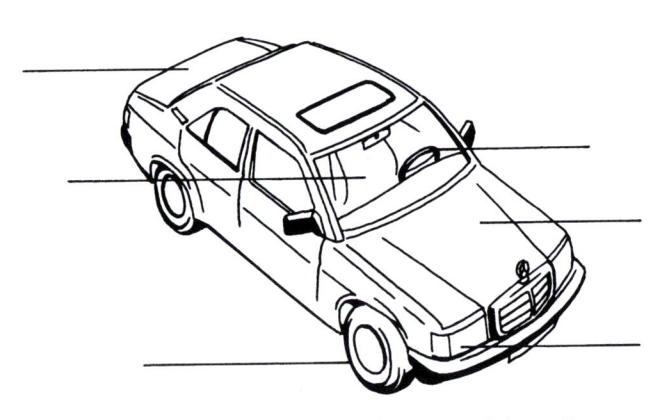

der Reifen
das Lenkrad
der Kofferraum
die Lichter
die Haube
die Windschutzscheibe

**Your car has had a breakdown during a visit to Germany.
You are phoning the recovery services.
Explain the problem to your partner and say where you are.**

- Ich habe eine Panne.
- Was ist passiert?
- *Die Lichter funktionieren nicht.*
- Wo sind Sie genau?
- *Auf der Autobahn A6 15 Kilometer nördlich von Köln.*

a 12 S   b 10 O   c 25 W   d 40 N   e 17 W

6 Im Restaurant

**Talk to your partner about awful meals you have had recently.
Make up new problems.**

*Beispiel: Wir haben letzte Woche im Restaurant gegessen. Es war schrecklich! Die Tischdecke war schmutzig.... das Essen war kalt.....
Und du? Wie war dein Abend im Restaurant?*

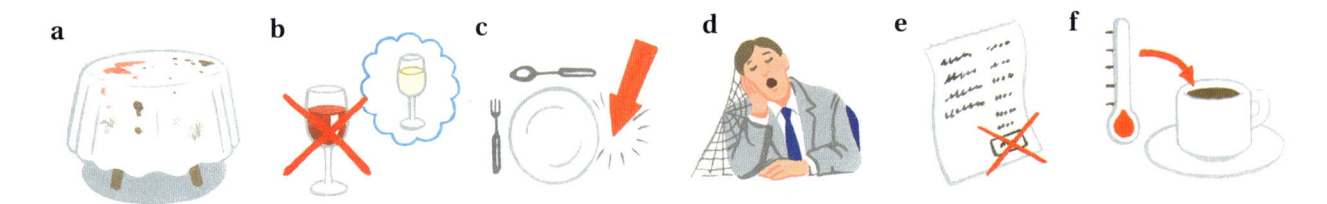

a   b   c   d   e   f

Probleme 11

7 Ein Unfall

- Hallo. Ich möchte einen Unfall melden.
- Ihr Name, bitte?
- Schmidt ist mein Name.
- Und wo sind Sie genau, Herr Schmidt?
- In der Richardstraße vor dem Schwimmbad.
- Was ist passiert?
- Zwei Autos sind zusammengestoßen.
- Ist jemand verletzt?
- Zwei Leute – ein Junge und ein Mann.
- Also, ein Unfall in der Richardstraße vor dem Schwimmbad. Zwei Autos sind zusammengestoßen. Zwei Leute verletzt. Der Notdienst kommt sofort.

Find the key information in the witness's report. Make a statement.

8 Lies den Comic

Read the comic strip.

1 Why does Sina like Stefan?
2 Which members of her family like her?
3 Why is she crying at the end?

9 Mädchen und Jungen

What annoys you?

Link the English sentences to the correct German ones on the left.

a „Mädchen sind immer unpünktlich – das nervt mich am meisten!"

b „Wenn ein Junge mit einem Mädchen zum Essen, ins Kino oder in die Disco geht, dann soll er bezahlen."

c „Manche Mädchen sind richtig eingebildet!"

d „Ich finde blöd, daß Mädchen unbedingt dünn sein wollen!"

1 "They're just interested in their appearance. They stand all day in front of the mirror and think they're great. All they talk about is clothes and make-up It really annoys me!"

2 "They go on and on about being fat and it's just not true. They're always on a diet and then they moan that they can't eat sweets or Big Macs!"

3 "That really annoys me. I mean boys don't automatically have more money do they?"

4 "My girlfriend always arrives late at the cinema, the disco…. And I always have to wait when I go to pick her up. I just don't understand why she can never be on time!"

Match the English sentences to the correct German ones on the left.

e „Jungen interessieren sich nur für hübsche Mädchen - das nervt mich."

f „Mich nervt, daß viele Jungen so schüchtern sind."

g „Viele Jungen wollen keine Gefühle zeigen."

h „Mich stört, daß Jungen im Unterricht immer so aggressiv sind."

5 "Lots of boys don't want to show their feelings"

6 "It bothers me that boys are always so aggressive in class"

7 "It really annoys me that boys are only interested in good-looking girls"

8 "What annoys me is that so many boys are very shy"

> Try to predict as much as you can from the context. Only look up key words which you don't already know.

10 Lies den Text

Fill in the details

Die „Ghetto Sisters" aus Kreuzberg sind die größte Mädchenbande in Berlin. „Bei uns machen ungefähr 25 Türkinnen mit", sagt Aynur (18 Jahre), die Anführerin. „Wir nehmen jede auf, die unser Vertrauen hat und die gegen die Rechten ist." Die Rechten – das sind vor allem die Skinheads aus dem Osten.
„Seit der Maueröffnung machen sie Jagd auf uns", erzählt Aynur. „Die Skinheads schlugen damals auf jeden ein, der ausländisch aussah. Niemand wollte uns helfen – da mußten wir es selber tun!" Überall in Berlin entstanden danach ausländische Jugendbanden: „Die „Ghetto Sisters" verteidigen seitdem Kreuzberg – wenn es sein muß, mit Gewalt!" erklärt Aynur. „Wir leben hier im Ghetto, und auf der Straße lernen wir, wie man kämpft!"

„Wie sieht eure Freizeit aus?" fragen wir sie. „Ich bin immer draußen. Zu Hause bin ich nur zum Schlafen", erzählt Aynur. „Die Straße ist unser Revier. Wir malen unseren Namen und unsere „tags" – unsere Zeichen – an die Mauern. Dann weiß jeder: Hier beginnt das Gebiet der „Ghetto Sisters"! Wir spielen auch oft Baseball, und wir gehen manchmal ins Jugendzentrum. Einige von uns machen dort einen Selbstverteidigungs-Kurs. Was wir da lernen, zeigen wir dann den anderen – das ist ein gutes Training für die Straße…" grinst Aynur. Dann wird sie ernst: „Als Ausländer hast du hier keine Rechte. Man läßt dich nicht mal in Discos rein! Wir sehen hier täglich Haß und Gewalt. Doch wenn es sein muß, schlagen wir zurück – uns tun Schläge nicht mehr weh!"

Name:
Age:
Nationality:
Home town:
Name of gang:
No. in gang

Write notes in English under the headings: Skinheads; Violence; Self-defence.

Probleme 11

11 Du hast etwas verloren

Beispiel:

VERLOREN
Silberne Kette am 4. August in der Waldestraße

Tell your partner that you have lost each item. Write six notes to display in a shop window.

a 12.6 Sportzentrum
b 14.2 Kino
c 5.9 Disco
d 20.7 Rathaus
e 1.12 (Museum)
f 7.4 (Park)

12 Wie war es im Restaurant?

Bochum, den 12. Januar

Sehr geehrte Damen und Herren,
ich schreibe, um mich bei Ihnen zu beklagen. Ich habe gestern in Ihrem Restaurant gegessen und war nicht zufrieden.
Der Kellner war sehr unhöflich.

Beispiel:

Complete the letter of complaint using the pictures and your own ideas

a b c d e

Hochachtungsvoll

Read through what you have written to check for possible errors.

13 Ein Unfall ist passiert

There has been an accident.
Fill in the blanks in this eye witness report.

> Am vierten Mai um halb zwei habe ich einen ...... gesehen. Das Wetter war .... Es hatte ...... und die Straßen waren .... Ich bin mit dem Auto ...... die Stadtmitte gefahren in Richtung Stadium. Ein Lastwagen, der in der selben ...... fuhr, hat mich vor einer Kurve .... Ein Motorrad ist aus der anderen Richtung uns ...... und ist mit dem Lastwagen .... Der Fahrer des Lastwagens hat nicht .... Der Motorradfahrer war schwer .... Meiner Meinung nach sind beide zu ...... gefahren

angehalten   naß
zusammengestoßen   verletzt
schlecht   überholt   schnell
entgegengefahren   durch
geregnet   Richtung   Unfall

14 Du siehst diesen Unfall

Write your own eye witness report of this accident
Record your report if possible.
Try not to use your notes

19. DEZ

Probleme 11

Zum Üben

(Exercise 1 see page 125; Ex. 2&3 see page 126)

1 *um zu* Sätze

Link the sentences using *um ... zu*
Beispiel:
Ich fahre heute in die Stadt.
Ich gehe einkaufen.
Ich fahre heute in die Stadt, um einkaufen zu gehen.

1 Ich gehe heute zum Sportzentrum.
   Ich spiele Volleyball.

2 Meine Freunde und ich treffen uns heute abend um acht Uhr.
   Wir gehen ins Kino.

3 Herr Breuer geht zum Supermarkt.
   Er kauft Wurst.

4 Nach dem Essen geht Stephanie in ihr Schlafzimmer.
   Sie macht ihre Hausaufgaben.

5 Frau Schulz besucht das Fundbüro.
   Sie sucht ihre Handtasche.

2 Füll die Lücken aus

Fill in the correct relative pronoun
1 Ich habe eine Schwester, ... Sabine heißt.
2 Das ist der schönste Blick, ... ich je gesehen habe.
3 Hier ist der Wagen, ... wir kaufen möchten.
4 Wer ist das Kind, ... du gestern im Park gesehen hast?
5 Wo sind die Blumen, ... ich gerade gekauft habe?
6 Danke für den Brief, ... ich heute erhalten habe.
7 Das ist die Tante, ... in Leipzig wohnt.
8 Hier ist das Haus, in ...... mein Freund wohnt.

den	den	die
dem	den	die
das	die	

3 Bilde Sätze

Link the sentences with the correct relative pronoun.
Beispiel:
Mein Freund hat einen Hund. Der Hund heißt Rudi.
Mein Freund hat einen Hund, der Rudi heißt.

1 Ich habe eine Jacke gekauft. Die Jacke kostet 175,-DM.
2 Kennst du meinen Freund Christian? Ich fahre mit Christian nach Israel.
3 Hast du das Bild gesehen? Ich habe das Bild selber gemalt.
4 Ich finde das Restaurant toll. Das Restaurant gehört meinem Onkel.
5 Das ist bestimmt der Mann. Ich habe den Mann in Berlin kennengelernt.

Vokabeln

Allgemeines	**General**
die Angst(¨-e)	*fear*
die Armbanduhr(-en)	*wrist watch*
der Augenzeugenbericht(-e)	*eyewitness report*
die Ausländerfeindlich-keit(-en)	*hostility to foreigners*
das Benzin	*petrol*
die Brille(-n)	*glasses*
das Fundbüro(-s)	*lost property office*
das Gefühl(-e)	*feeling*
der Geldbeutel(-)	*purse*
die Gewalt	*violence*
die Halskette(-n)	*necklace*
die Handtasche(-n)	*handbag*
die Haube(-n)	*bonnet (of a car)*
der Haß *(no pl)*	*hate*
die Jacke(-n)	*jacket*
der Kofferraum(¨-e)	*car boot*
die Kupplung(-en)	*clutch*
das Lenkrad(¨-er)	*steering wheel*
das Licht(-er)	*light*
die Maueröffnung(-en)	*opening of the (Berlin) wall*
der Motor(-en)	*engine*
der Notdienst(-e)	*emergency service*
die Panne(-n)	*breakdown*
die Polizeiwache(-n)	*police station*
das Portemonnaie(-s)	*purse*
die Rechnung(-en)	*bill*
das Recht(-e)	*right*
der Regenschirm(-e)	*umbrella*
der Reifen(-)	*tyre*
die Reifenpanne(-n)	*burst tyre*
der Ruhetag(-e)	*closing day*
der Schlüssel(-)	*key*
der Selbstverteidigungskurs(-e)	*self-defence course*
der Umbau(-ten)	*rebuilding, alteration*
der Unfall(¨-e)	*accident*
die Werkstatt(¨-en)	*garage, workshop*
die Windschutzscheibe(-n)	*windscreen*
aggressiv	*aggressive*
blöd	*stupid*
dünn	*thin*
eingebildet	*conceited*
geschlossen	*closed*
naß	*wet*
schüchtern	*shy*
toll	*super, great*
unhöflich	*impolite*
unpünktlich	*unpunctual, late*
verletzt	*injured*
zufrieden	*satisfied*
abholen	*to collect*
anhalten	*to stop (in a car)*
bezahlen	*to pay*
entgegenfahren	*to drive towards*
funktionieren	*to function*
kämpfen	*to fight*
melden	*to report*
nerven	*to irritate*
passieren	*to happen*
reden	*to talk*
schlagen	*to hit*
sich beklagen	*to complain*
telefonieren	*to telephone*
überholen	*to overtake*
weinen	*to cry*
zusammenstoßen	*to collide*
außer Betrieb	*out of order*
Die Farbe gefällt mir nicht	*I don't like the colour*
Es ist mir zu groß/klein/teuer	*It's too big/small/expensive*
Es tut mir sehr leid	*I'm sorry*
Ich habe Angst vor *(+ dative)*	*I'm afraid of*
Ich habe eine Panne gehabt.	*I've had a breakdown*
Ein Unfall ist passiert.	*An accident has happened*
Ich bin auf der Autobahn A3 Richtung München kurz nach der Ausfahrt nach Ulm	*I'm on the M3 travelling towards Munich just past the Ulm exit.*
Können Sie bitte einen Abschleppwagen schicken?	*Please send a breakdown truck.*
Das Autokennzeichen ist ...	*The car registration number is...*
Ich brauche einen Krankenwagen	*I need an ambulance*

Umweltschutz/Transport 12

1 Welche Fotos passen zu welchem Interview?

Listen to the cassette.
Which photos go with each interview?

2 Beantworte die Fragen

Urs and Pia are being interviewed for the school newspaper.
1 Choose the correct answer:
   – Switzerland had the first environmental protection organisation.
   – Switzerland is number one for environmental protection.
2 What practical things are done in school to learn about the environment? Give two examples.
3 How do Pia and her family save energy at home?
4 **a** What information is given about paper products from MIGROS supermarkets?
   b What is the additional advantage of these products?
5 Pia believes the Swiss are very environmentally friendly for one reason. Explain this.

3 Telefongespräche mit dem Verkehrsamt

How will the three tourists get to Munich?
Also give any additional information.

> Listen to as much German as you can on radio and television.

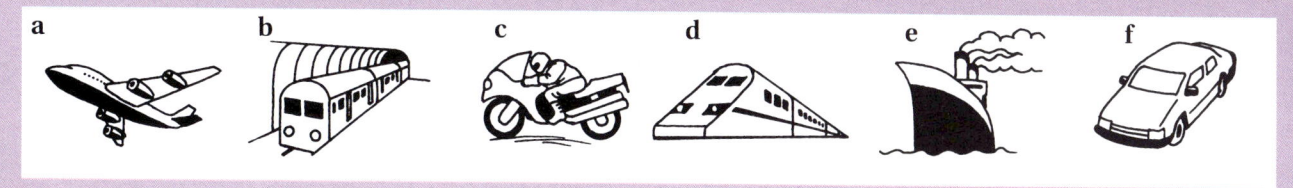

101

4 Das Auto in der Stadt

List the reasons given for and against car travel in towns.

5 Fragen zu den Bildern

1 Identify, in German, the means of transport.
2 Ask your partner the questions.
  Discuss the issues.

Answer the questions and add as much extra detail as you can.

Du bist dran

1 Wie kommst du zur Schule?
2 Wie lange dauert die Reise?
3 Wie fährst du normalerweise in die Stadt?
4 Wie fährst du, wenn du ins Ausland reist?
5 Wie fährst du am liebsten, wenn du in Urlaub fährst?
6 Wie fährt man am schnellsten?
7 Was ist umweltfreundlicher – mit der Straßenbahn oder mit dem Bus zu fahren?
8 Was machst du für die Umwelt?
9 Ist Umweltschutz wichtig?
  Bist du dafür oder dagegen?

6 Am Bahnhof

Ask your partner for information.
Adapt the dialogue.

A: Wo fährt der Zug nach *Hamburg* ab, bitte?
B: Ab Gleis *vier*.
A: Kommt er hier rechtzeitig an?
B: *Nein. Er hat fünf Minuten Verspätung.*
A: Muß ich umsteigen?
B: *Nein. Der Zug fährt direkt.*
A: Wo finde ich *den Warteraum*, bitte?
B: Auf Gleis *neun*.

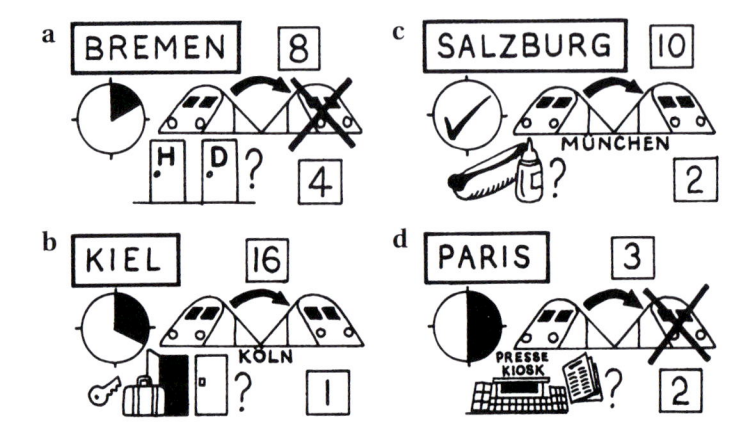

102

Umweltschutz/Transport

12

7 In der Werkstatt

Tell your partner what is wrong with your car.

- Make a list of four problems.
- Ask how much the repairs will cost.
- Ask when you can collect the car.

Your partner could suggest a ridiculous price/time to do the repairs.

8 Partnerarbeit

1 Look at the map of the Munich U- and S-Bahn network. Ask for and give each other five sets of directions. Use the example.

Beispiel:
A: Wie fahre ich von *Starnberg* nach *Odeonsplatz*?
B: Du fährst mit *der Linie 7 und der Linie 6*.
A: Wo muß ich umsteigen?
B: *Am Marienplatz*.

2 Say in English:
 1 How many lines stop at Marienplatz.
 2 How you would travel from the main station to Taufkirchen.
 3 Where you change, travelling from Karlsplatz to Richard-Strauß Straße.

Make up three English questions for your partner.

103

9 Was ist umweltfreundlich?

How environmentally friendly are you? Write out the best answers.

1. Du kaufst Cola
   a in Dosen.
   b in Mehrwegflaschen.

2. Deine Schulhefte sind
   a aus Umweltschutzpapier.
   b aus weißem Papier.

3. Wie kommst du zur Schule?
   a Mit dem Fahrrad.
   b Mit dem Auto.

4. In der Pause ißt du Joghurt
   a aus dem Glas.
   b aus dem Plastikbecher.

5. Zum Einkaufen nimmst du
   a eine Plastiktüte.
   b eine Stofftasche.

6. Altes Papier
   a wirfst du in den Mülleimer.
   b bringst du zum Altpapiercontainer.

10 Lies die Notizen zum Thema Umweltverschmutzung

Match the notes with the correct headline.

a) Jedes Jahr gibt es etwa 4 – 500 Arten von Vögeln, Reptilien, Fischen, Insekten und Säugetieren weniger.

b) Giftiges Schwefeldioxid ist in unserer Luft – Smogalarm in den Großstädten!

c) Die Meere und Flüsse sind tot; das Wasser ist durch Pestizide und Nitrate verschmutzt.

d) In jeder Sekunde werden weltweit 10 000 m² tropischer Regenwald zerstört – die Folge: Erosion.

1 **Gefahr für Bäume**

2 **Schmutzige Luft**

3 **Tiersterben**

4 **GIFT IM GEWÄSSER**

Choose two notes and headlines and summarise them in English.

104

Umweltschutz/Transport

12

11 Lies den Text

Read this article about road accidents.

1 From the first section, give details of:
   a When and where the majority of accidents happen.
   b The number of 18–25 year-olds involved in accidents in 1990.
   c What happened to nearly 2000 of these young people.
   d The most common cause of accidents.
   e The weather conditions when 50% of accidents happen.
   f When these accidents frequently happen.

Only look up key words that you don't know.

Jeder zweite Jugendliche, der in Deutschland sein Leben verliert, stirbt bei einem Verkehrsunfall. Besonders an Wochenenden und in ländlichen Regionen verunglücken junge Fahrer mit ihren Autos oder Motorrädern.
1990 verunglückten über 100 000 junge Fahrer zwischen 18 und 25 Jahren. Tödlich verunglückten fast 2 000. Besonders erschreckend: Während in den alten Bundesländern die Unfallzahlen leicht zurückgingen, stiegen sie in den neuen Bundesländern um 279 Prozent bzw. 672 Prozent (Verunglückte bzw. Getötete im Alter von 18-21). Häufigste Ursache: zu hohe Geschwindigkeit (23 Prozent). Fast 50 Prozent der Unfälle passierten bei Nässe, Schnee oder Eis. Besonders hoch ist auch die Zahl der nächtlichen Unfälle. Als häufigste Unfallart gibt die Polizei „Fahrunfälle" an, also „Abkommen von der Straße".

Tod nach der Disko

Autofahren macht mobil. Immer mehr Jugendliche haben schon mit 18 Jahren ihren Führerschein. Dann dürfen sie das Familienauto benutzen oder können sich sogar ein eigenes Auto kaufen. Gerade auf dem Land braucht man ein Auto, meinen die meisten. Denn Diskotheken, Sportanlagen und andere Freizeitmöglichkeiten hat man nicht direkt vor der Tür, und Busse oder Bahnen fahren viel zu selten durch die Dörfer. Die meisten Unfälle Jugendlicher passieren am Wochenende. In nur 12 Nachtstunden, nämlich von Freitag 22 Uhr bis Samstag 4 Uhr sterben 19 Prozent der Fahrer und 24 Prozent der Mitfahrer. Dies sind die gefürchteten Disko-Unfälle der 18-24jährigen: Man fährt in fröhlicher Stimmung nach Hause. Oft hat man noch viele Freunde dabei, das Auto ist überladen. Das Radio spielt mit voller Lautstärke, man fährt leichtsinniger. Der Fahrer hat Alkohol getrunken. Das schlimme Ergebnis liest man jeden Montag in der Regionalzeitung.

Modell für Fahranfänger

Wer gerade seinen Führerschein gemacht hat, ist noch lange kein perfekter Fahrer. Die Erfahrungen sammelt man erst in der Praxis. Trotzdem dürfen Anfänger wie alle anderen Fahrer ohne Einschränkungen am Verkehr teilnehmen. Keiner verbietet den jungen Erwachsenen, ein schnelles Auto zu kaufen. Keiner verlangt, daß sie nur 80 fahren. Seit einem Jahr gibt es darum einen Modellversuch für Fahranfänger: „Jugend fährt sicher". Das Programm beginnt während der Fahrschulzeit. Wenn sich das Modell bewährt, will man es bundesweit einführen.

12 Verkehrsunfälle

1 In the second paragraph it states that young people think it is particularly important for them to have a car in the country. Give two reasons for this.
2 So-called 'disco accidents' involve mostly young people. Give three details about the cause of these accidents.
3 a In the third paragraph what is said about the problems associated with newly qualified young drivers. Mention two points.
   b At what stage will learner drivers be introduced to the new safe driving initiative?

105

13 Was paßt zusammen?

Label the signs.

Parkplatz
Einbahnstraße
Autobahn
Erste Hilfe
Tankstelle
Polizei
Autobahngasthaus
Fußgängerunterführung
Baustelle
Kurve
Ampel
Kreuzung

14 Eine Umfrage

The survey shows how pupils come to school.

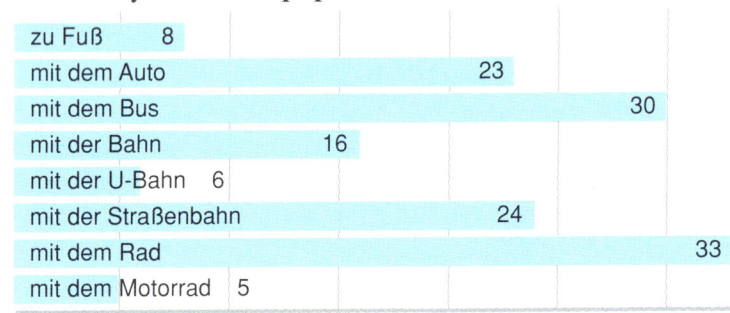

zu Fuß	8
mit dem Auto	23
mit dem Bus	30
mit der Bahn	16
mit der U-Bahn	6
mit der Straßenbahn	24
mit dem Rad	33
mit dem Motorrad	5

Write out the results.

Beispiel:
Acht Schüler kommen zu Fuß.

15 Ein Umweltmagazin

1 Prepare notes for a talk about transport and the environment. Note the advantages and disadvantages. Record your talk and write it out as a report.

Beispiel:

	Vorteile	Nachteile
das Auto	Es ist schnell und bequem.	Es ist manchmal schwierig zu parken.

16 Du fährst nächste Woche nach Deutschland

Here are your travel arrangements for a forthcoming trip to Germany.

Trip to Germany
Train leaves London Victoria 19.00, 19th June
Arr. Dover 20.30
Leave on Dover-Ostende ferry at 22.00
Arr. 5.00am next day
Catch train to Cologne at 6.30am
Arr. Cologne 12.00
Change – 13.23 D156 train on to Bonn
Get Martin to collect me – Bonn 14.20

Write a letter in German to your exchange partner giving him/her all the details.

Umweltschutz/Transport 12

Zum Üben

(Exercise 1 see pages 123/4; ex. 2, 3&4 see page 125)

1 Das Imperfekt

Complete the sentences using the imperfect tense.

Beispiel:
Letztes Jahr ... (reisen) ich nach Indien.
*Letztes Jahr **reiste** ich nach Indien.*

1 Wie geht es dir? Du (sehen) schon mal besser aus!
2 Danach (essen) ich einen Apfel.
3 Ich (vergessen) doch tatsächlich meine Schlüssel!
4 Meine Mutter (lassen) mich nicht zum Konzert gehen.
5 Er (stehen) schon 10 Minuten vor der Tür.
6 Der Ober (empfehlen) mir die Gemüsepizza.
7 Gestern (schlafen) ich sogar bis 1 Uhr!
8 Was (geschehen) dann?
9 Im Winterurlaub (brechen) er sich ein Bein.

2 Fragesätze

Turn the statements into questions.

Beispiel:
Radfahren ist umweltfreundlicher als Autofahren.
Ist Radfahren umweltfreundlicher als Autofahren?

1 Du sortierst deinen Müll.
2 Die Klasse macht eine Umweltaktion.
3 Die Regenwälder sind in Gefahr.
4 Beim Einkaufen benutzt er eine Stofftasche.
5 Müll war ein großes Problem an der Schule.
6 Viel Sonne ist schlecht für die Haut.
7 Spraydosen sind gefährlich für die Umwelt.
8 Die Bäume verlieren ihre Blätter.
9 Die Schule hat zwei grüne Tonnen gekauft.
10 Es wird immer mehr Autos geben.

3 Fragewörter

Match the question words with the correct questions.

1 Welches   a kommt der Zug?
2 Wie   b muß ich mein Zimmer aufräumen?
3 Wer   c hast du gestern abend gemacht?
4 Wieviel   d eine Jacke hast du dir gekauft?
5 Wie lange   e Fahrrad gehört dir?
6 Wann   f hat die beste Note?
7 Was für   g sieht dein Bruder aus?
8 Warum   h dauert die Fahrt?
9 Was   i Geld ist in deiner Geldbörse?

4 Schreib das passende Fragewort auf

Complete the sentences using the correct question words.

1 Ich weiß nicht, ... die CD kostet.
2 Kannst du mir sagen, in ...... Kino der neue Keanu Reaves-Film läuft?
3 Meine Mutter möchte wissen, ... ein Buch ich mir zum Geburtstag wünsche.
4 Weißt du schon, ... ich auf dich warte?
5 Susi erfährt gleich, ... Note sie im Mathetest hat.
6 Ich weiß nicht, ... sie so wütend ist.
7 Ich weiß nicht, ... ich einladen soll!
8 Können Sie uns sagen, ... wir zum Bahnhof kommen?
9 Weiß er schon, ... CD-Spieler sein Bruder kaufen will?
10 Mein Bruder weiß nicht, ... man ein Fahrrad repariert!

wie	welchem
wie lange	wen
welche	warum
welchen	wieviel
was für	wie

107

Vokabeln

Siehe auch S.76 und 100.

Umwelt	Environment
der Altpapiercontainer(-)	wastepaper container
der Auspuff(-e)	exhaust
der Baum(¨-e)	tree
das Blatt(¨-er)	leaf, sheet (of paper)
die Dose(-n)	tin, can
die Energie	energy
die Erde	earth
der Fluß(-sse)	river
die Gefahr	danger
die Luft	air
die Mehrwegflasche(-n)	returnable bottle
der Müll	rubbish
der Mülleimer(-)	rubbish bin
die Natur *(no pl)*	nature
die Plastiktüte(-n)	plastic bag
der Regenwald(¨-er)	rain forest
der Sauerregen	acid rain
das Säugetier(-e)	mammal
der See(-n)	lake
die See	sea
die Stofftasche(-n)	cloth bag
der Umweltschutz	protection of the environment
die Umweltverschmutzung	pollution of the environment
der Wald(¨-er)	forest
das Waldsterben	destruction of the forest
giftig	poisonous
sauber	clean
umweltbewußt	environmentally aware
umweltfreundlich	environmentally friendly
verschmutzt	polluted
recyceln	to recycle
reparieren	to repair
sparen	to save
wegwerfen	to throw away
zerstören	to destroy

Transport	Transport
das Auto(-s)	car
der Bahnhofsvorsteher(-)	station master
die Bremse(-n)	brake
der Bus(-se)	bus
der Busfahrer(-)	bus driver
die Bushaltestelle	bus stop
die Buslinie(-n)	bus route
die Fahrkarte(-n)	ticket
der Fahrplan	timetable
das Fahrrad(¨-er)	bicycle
der Fahrschein(-e)	ticket
der Flug	flight
der Flughafen	airport
das Flugzeug(-e)	plane
der Führerschein	driving licence
das Gleis(-e)	track, platform
das Mofa(-s)	moped
das Motorrad(¨-er)	motorbike
der Radhelm(-e)	cycle helmet
der Radweg(-e)	cycle track
die S-Bahn	city and suburban railway
der Scheinwerfer	headlight
das Schließfach(¨-er)	locker
die Sesselbahn	chair lift
der Stau	traffic jam
die Straßenbahn(-en)	tram
die U-Bahn	underground
die Verspätung(-en)	delay
der Wagen(-)	car
der Warteraum(¨-e)	waiting room
der Zeitungskiosk(-e)	newspaper kiosk
der Zug(¨-e)	train
bequem	comfortable
direkt	direct
rechtzeitig	on time
schnell	fast
tot	dead
abfahren	to depart
ankommen	to arrive
fliegen	to fly
halten	to stop
schwarzfahren	to travel without a ticket
sterben	to die
umsteigen	to change (trains)
verunglücken	to have an accident
Der Zug hat fünf Minuten Verspätung	The train is five minutes late
erster oder zweiter Klasse?	first or second class?
Raucher oder Nichtraucher?	smoking or non-smoking?
Wann fährt der nächste/erste Zug nach...?	When does the next/first train depart for....?
Von welchem Gleis fährt er ab?	From which platform?
Wann kommt er an?	When does it arrive?
Muß ich umsteigen?	Do I have to change?
Muß ich Zuschlag zahlen?	Do I have to pay a supplement?

Kontrollen

Kontrolle 1

1 Listen to the interview

1 What does Ina do at 6.45am; 7.15am; 7.30am?
2 Describe Ina's journey to school. Give three details.
3 How long does Ina spend doing her homework?
4 What does she do with her friend in the afternoon?
5 What is Ina's routine in the evening? Mention three details.

2 Write out the sentences, filling in the blanks

1 Mein Lieblingsfach ist Deutsch, weil ich gerne … .
   a rechne   b abschreibe   c lese

2 „Herr Ober! Die … bitte!"
   a Zahlen   b Rechnung   c Reinigung

3 Wer schlechte Noten hat, bleibt … .
   a sitzen   b stehen   c schlau

4 Karin bekommt genug Taschengeld – sie … jeden Monat 10 Mark.
   a kauft   b holt   c spart

5 Mein Mathelehrer ist sehr … .
   a unbequem   b teuer   c streng

6 Er macht keinen Sport – er ist sehr … .
   a faul   b leise   c fleißig

7 In … essen die Schüler zu Mittag.
   a der Pause   b der Stunde
   c dem Klassenzimmer

8 Sonja trägt nur modische … .
   a Klamotten   b Karotten   c Schuluniformen

3 Ask your partner the questions. Write your own answers

1 Wie kommst du zur Schule?
2 Wann fängt deine Schule an, und wann endet sie?
3 Was machst du in den Pausen?
4 Was sind deine Lieblingsfächer?
5 Welche Fächer magst du nicht?
6 Wie findest du deine Lehrer/Lehrerinnen?
7 Was findest du in der Schule gut/nicht so gut?
8 Was ißt du mittags?
9 Was machst du nach der Schule?
10 Warst du schon mal in einer Schule in einem anderen Land? Wie war das?

4 Work out new dialogues using the pictures

Beispiel:
A – Hast du Lust, ……?
B – Nein, …… mag ich nicht so gern.
   – Möchtest du ……?
A – Nein, …… interessiert mich nicht.
B – Wie wäre es mit ……?
A – Ja gern!

5 Choose the correct picture for Sven and Johanna

Describe their recipes in English.

1 Guten Appetit, Sven!
Was ißt du gerne? Am liebsten Eis. Ich esse es mindestens einmal täglich. Es erfrischt und schmeckt sehr gut. **Was magst du nicht?** Butter, Wirsing (Kohlsorte) und Kasslerbraten. **Ißt du zusammen mit deiner Familie?** Nur morgens beim Frühstück. **Was ißt du zwischendurch?** Natürlich Eis. Manchmal esse ich einen Schokoriegel. Bei großem Hunger kaufe ich mir Gyros (griechisch; Fleisch vom Spieß) oder Pizza. **Machst du dein Essen auch selber?** Ja, zum Beispiel Bratkartoffeln oder Nudeln, mit Schinken und Käse überbacken.

2 Guten Appetit, Johanna!
Liebst du Süßes? Ja! Ich sterbe für Schokolade. **Was magst du außerdem?** Kartoffelgratin. Das esse ich dreimal pro Woche. **Du lebst in einer Wohngemeinschaft. Was essen deine Freunde?** Wir essen alle vegetarisch. Fleisch ist nicht gut für den Körper. **Was ißt du zwischendurch?** Obst, Joghurt oder Brot mit Käse. **Was ist dein Lieblingsrezept?** „Kartoffelgratin alla Jo": Gekochte Kartoffeln, in Scheiben geschnitten, mit Spinat und Käse in eine Form geben. 20 Minuten bei 175 Grad Celsius backen. Danach kommen Käse und saure Sahne dazu.

6 Du bist dran

Was ißt du gern/nicht gern/am liebsten? Discuss with your partner and write ten sentences.

7 Fill in the questionnaire

1 Welche Sportarten machst du? ....
2 Wie oft machst du Sport? ....
3 Wo machst du Sport? ....
4 Mit wem machst du Sport? ....
5 Was war dein größter Erfolg oder Sieg? ....
6 Was findest du gut am Sport? ....
7 Was findest du nicht gut? ....

8 Note down the correct answer

Television viewers are:
a stay-at-homes
b have few interests or friends
c are in clubs and youth groups
d prefer the company of older people

Computer & Co
Fernsehen macht langweilig, und Computer machen einsam – dieses Vorurteil ist falsch. Das haben Wissenschaftler der Universität in Bielefeld herausgefunden. Sie befragten 1 500 Jugendliche und kamen zu dem Ergebnis: Schüler, die gern fernsehen und am Computer arbeiten, sind keine Stubenhocker. Im Gegenteil: Sie haben viele andere Interessen, zum Beispiel Sport, sie treffen sich gerne mit Gleichaltrigen und sie sind in Vereinen und Jugendgruppen engagiert!

9 Write out the sentences filling in the correct word(s)

1 Unser Fernseher steht ... Wohnzimmer.
  a auf dem   b unter dem   c im

2 Die Sporthalle ist ... dem Supermarkt.
  a neben   b in   c an

3 Wir treffen uns ... der Bushaltestelle.
  a auf   b an   c unter

4 Mein Computer steht ... dem Schreibtisch.
  a unter   b in   c auf

5 Die Schule ist ... dem Berg.
  a in   b auf   c über

6 Mein Bruder fährt ... seinem Skateboard.
  a hinter   b auf   c unter

7 Wir sitzen gern ... der Eisdiele.
  a auf   b über   c in

8 In der Pause spielen wir ... Schulhof.
  a unter dem   b an dem   c auf dem

Kontrolle 2

1 Listen to the interview

1 What does each girl fall out with her parents about? Give one detail for each.
2 What would their parents prefer them to do?
3 For what other reason does Silke also fall out with her parents?

2 Write out the sentences and fill in the correct words

1 Tom hat oft mit seinen Eltern ... .
 a Problem   b Streit   c Angst

2 Sein Problem ist, daß seine Eltern sehr ... sind.
 a schade   b spät   c streng

3 Sie wollen nicht, daß er am Wochenende ... .
 a ausgeht   b ausgibt   c ausleiht

4 Am Wochenende muß er sein Zimmer ... .
 a aufstehen   b aufräumen   c aufessen

5 Er soll auch seiner Mutter mehr im ... helfen.
 a Haus   b Hilfe   c Haushalt

6 Aber Tom sieht lieber fern – am liebsten sieht er ... .
 a Sendungen   b Programme   c Kabelfernsehen

7 Er hat jetzt mit seiner Freundin ... gemacht.
 a Schluß   b fertig   c solo

8 Tom meint: „Eine ... Freundschaft ist nichts für mich!"
 a frische   b feste   c feine

3 Read and answer questions

1 Where in Germany do Plan B come from?
2 What was their first record about?
3 In which other country have they played?
4 How do they feel about working abroad and why do they feel this?

PLAN B IST GRENZENLOS
„Musik ist eine internationale Sprache"

...sagt die deutsche Band Plan B. Die Gruppe kommt ursprünglich aus Berlin. Sie wurden bekannt mit einer Platte über den Treibhaus-Effekt (=Temperaturanstieg auf der Erde). Eine Musik-Tour durch Deutschland und die Vereinigten Staaten war ein großer Erfolg für Plan B. Der Musikstil ist sehr gemischt: Reggae, Blues und Rock. Auch hier ist Plan B international. „Wir wollen keine Grenzen setzen, unsere Musik soll offen bleiben. Wir sind keine typisch deutsche Band, denn wir lieben internationale Arbeit. Dabei kann man viel lernen", behauptet Plan B.

4 Ask your partner the questions. Write down your own answers

1 Wie oft siehst du fern?
2 Welche Sendungen siehst du am liebsten?
3 Warum?
4 Welche Sendungen interessieren dich nicht?
5 Warum nicht?
6 Wie findest du Kabelfernsehen?
7 Was für Zeitungen liest du?
8 Warum?
9 Welche Zeitungen liest du nicht?
10 Warum nicht?

5 Write the sentences in the future tense

1 Ich lese Zeitung.
2 Wir sehen fern.
3 Er hat eine feste Freundin.
4 Du moderierst eine Jugendsendung.
5 Ich mache mein Zimmer sauber.
6 Ihr habt einen großen Hit.
7 Sie gehen ins Theater.
8 Sie kommt zu meiner Party.

6 Marieke's diary

Write down what Marieke is planning to do every day.

Beispiel:
Am Montag geht sie um 14 Uhr ins Kino.

	Montag	Dienstag	Mittwoch	Donnerstag	Freitag
10 Uhr					
11 Uhr			Matthearbeit		
12 Uhr		Zahnarzt			
13 Uhr					
14 Uhr	Kino		Eisdiele	Oma vom Bahnhof abholen	
15 Uhr		Schwimmen			
16 Uhr	Kaffeetrinken bei Julia				
17 Uhr					Treffen mit Fotogruppe
18 Uhr			Zimmer aufräumen		
19 Uhr	Pizzeria mit Ute	Party bei Jan			
20 Uhr					Disco

7 Read and answer the questions

1. What kind of dog is Teddy?
2. Where does he live?
3. Who did he belong to?
4. What happened in the summer holidays?
5. Who found Teddy and where?
6. How many dogs can the sanctuary take?
7. What is their worst time of year? Why?
8. Where are animals found?

Teddy sitzt in der Ecke des Käfigs und heult. Die Hunde in den anderen Käfigen beginnen auch zu bellen. Das machen sie immer, wenn ein Fremder kommt. Sie warten. „Kommt jemand, der mich abholt?" scheinen sie zu fragen. Teddy lebt im Tierheim Dellbrück bei Köln. Er hat ein typisches Hundeschicksal. Kinder hatten den Mischlingshund zu Weihnachten bekommen. Da war er noch klein und süß. Also er größer wurde, war die Freude an dem neuen „Spielzeug" schnell vorbei. Man mußte zuviel tun für das Tier: täglich spazierengehen, es pflegen, füttern. Schon gab es Ärger in der Familie: Niemand wollte das alles machen. Schlimm wurde es in den Sommerferien. Teddys Familie wollte Urlaub im Ausland machen. Im Auto war wenig Platz. Der Hund brauchte einen Impfpaß. Die Familie hatte keine Freunde, die Teddy für drei Wochen nehmen wollten. Das Drama endete an einer Raststätte auf der Autobahn. Dort fand die Polizei Teddy. Er war an einem Pfahl gebunden und hatte keine Hundemarke. Sie brachten ihn ins Tierheim nach Dellbrück.

Fast in jeder größeren deutschen Stadt gibt es Tierheime. Dorthin kommen Hunde und Katzen, die keiner mehr haben will. Das Dellbrücker Tierheim hat Platz für 120 Hunde. Jetzt, kurz vor den Ferien, sind es 180. Die Ferienzeit ist eine schlimme Zeit für Tierheime. Sie wissen oft nicht mehr, wo sie die Hunde unterbringen sollen. Aber wenn jemand kommt, sagen sie selten „nein". Oft finden Polizei oder Feuerwehr die Tiere in dunklen Kellern, auf Raststätten, auf dem Flughafen. Einige Tiere haben tagelang nichts mehr gefressen. Manchmal rufen die Nachbarn die Polizei, wenn nebenan ein Hund heult. Auch die Mitarbeiter der Tierheime gehen Hinweisen nach.

8 Write a letter to your penfriend

Describe your bedroom.
Say how big it is, if you have to share it, what you have in it, how it is decorated, what you do in it etc.

9 Write out the sentences filling in the correct part of the verb

Beispiel: Ich wasche **mich**.

1. Ich stehe morgens früh ... .
2. Ich fahre gleich ... .
3. Ich freue ... .
4. Ich schließe die Tür ... .
5. Ich gebe das Geld ... .
6. Ich ärgere ... .
7. Ich schlafe ... .
8. Ich setze ... .

ein	auf	mich	ab	aus

Kontrolle 3

1 Listen to the interview

What does Sven say about last year's summer job? Give five details.

2 Write out the sentences and fill in the correct words

1 Sandra macht im Sommer ein ... in der Firma ihrer Tante.
   a Lehre   b Beruf   c Arbeitspraktikum

2 Im ... arbeiten zehn Leute.
   a Betrieb   b Haus   c Bett

3 Bei jedem Interview sollte man ... sein.
   a nervös   b höflich   c hübsch

4 Martin schreibt eine ... an die Firma Meier.
   a Einladung   b Liste   c Bewerbung

5 Eine Sekretärin muß Briefe ... .
   a telefonieren   b tippen   c tun

6 Herr Meier sucht Arbeit – deshalb liest er die ... in der Zeitung.
   a Stellengesuche   b Sternzeichen   c Stellenanzeigen

7 Ein LKW-Fahrer braucht einen ... .
   a Fahrschein   b Führerschein   c Fahrplan

8 Sandra macht eine ... als Sekretärin.
   a Lehre   b Lehrling   c Lebenslauf

3 Partnerarbeit

Warum möchten Sie ihr Praktikum bei uns machen?
Ich möchte sehr gern mit Computern arbeiten.

– Guten Tag.
– Guten Tag. Ich möchte gern ein Praktikum in Ihrem Betrieb machen.
– Wo möchten Sie denn Ihr Praktikum machen?
– Am liebsten *im Büro*.
– Wann möchten Sie das Praktikum machen?
– Vom *15.7. bis zum 31.7*.

You are arranging your own work experience. Choose three different places of work and plan what you would say to the personnel manager at each.

4 Work experience in Köln

Give directions to your partner in German. Make up more questions.

Beispiel:
– Entschuldigen Sie. Wie komme ich zur Gürzenichstraße?
– Sie gehen *geradeaus*. Dann die *zweite Straße rechts*. Dann nehmen Sie *die zweite Straße links* und dann *geradeaus* – dort ist *die Gürzenichstraße*.

1 Wo ist die Ludwigstraße?
2 Wie komme ich zur Glockengasse?
3 Wissen Sie, wo die Martinstraße ist?
4 Wie komme ich zum Alten Markt?

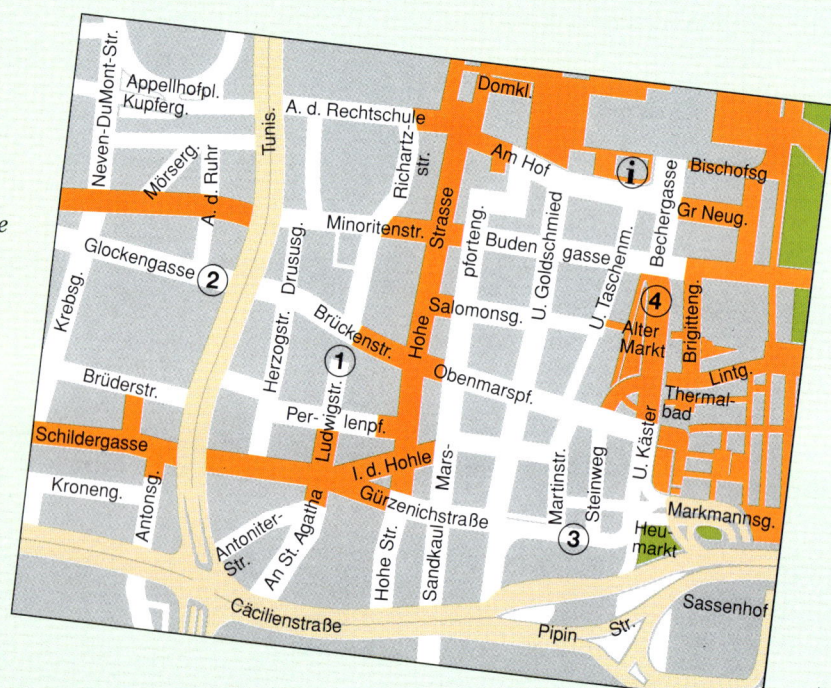

5 Letter to Munich

Write a letter to the Munich tourist information office asking for information about the city.
Say when you will be there and for how long.
Ask for details of popular sights, opening times, accommodation, prices and transport.

- Wann?
- Wie lange?
- Sehenswürdigkeiten?
- Wann auf – wann zu?
- Welche Verkehrsmittel?
- Preise?

6 Anja's new job

Answer the questions.
1. What job is she doing?
2. Why does she like it? Give three reasons.
3. What task does she do at 6a.m.?
4. How did she feel when she first started?
5. What are her future plans?
   Give two details.

Anja, 20 Jahre:

„Mir gefällt, daß ich draußen mit dem Fahrrad unterwegs bin. Das ist schöner, als im Büro zu sitzen. Ich habe nette Kollegen und bin oft schon um 13.00 Uhr mit der Arbeit fertig. Dann habe ich noch viel Freizeit." Anja muß sehr früh aufstehen. Sie arbeitet als Briefträgerin bei der Post. Schon um 6.00 Uhr sortiert sie Briefe, die sie dann mit dem Postfahrrad austrägt. „Ich habe einfach angerufen und den Job bekommen" erzählt sie. „Zwei Wochen lang hat mich ein Briefträger auf der Tour begleitet und mir alles erklärt. Die ersten drei Tage habe ich gedacht, daß ich es nicht schaffe. Jetzt mache ich die Arbeit schon seit zwei Monaten allein." Anja möchte Nachrichtentechnik studieren. Ein Praktikum hat sie auch schon bei der Post gemacht. „Das hatte aber nichts mit meinem jetzigen Job zu tun. Den mache ich nur, um Geld zu verdienen. Das Geld brauche ich für mein Studium. Außerdem möchte ich bald von zu Hause ausziehen und eine eigene Wohnung haben. Der Umzug ist natürlich teuer."

7 Write out the sentences, filling in the correct verb

1. Thomas ... ein Praktikum im Büro gemacht.
   a ist **b** heben **c** hat

2. Er ... mit dem Fahrrad zur Arbeit gefahren.
   a hat **b** ist **c** wollte

3. Morgens ... er um 7 Uhr aufgestanden.
   a mußte **b** hat **c** ist

4. Nachmittags ... er Briefe getippt.
   a hat **b** sein **c** ist

5. Mittags ... sein Chef und er zusammen in die Kantine gegangen.
   a ist **b** sind **c** haben

6. Manchmal ... er auch mit Kunden telefoniert.
   a durfte **b** ist **c** hat

8 Read the article

1. What did you have to do to get a training place five years ago?
2. Where are training places now advertised?
3. What piece of information is given about the 1970s?
4. What do young people want to do now instead of apprenticeships?
5. Explain the statistics about training places now and in 1984.
6. Name the six most popular jobs in the job hitparade for girls.

Die Suche nach dem Lehrling

Wer vor fünf Jahren eine Lehrstelle suchte, mußte viele Bewerbungen schreiben. Heute ist das einfacher. Es gibt mehr Lehrstellen als Bewerber. Viele Geschäfte hängen sogar Schilder in ihre Schaufenster, um einen Lehrling zu finden. Der Grund: In den 70er Jahren sind weniger Kinder geboren worden. Außerdem wollen viele Jungen und Mädchen lieber studieren. Das Ergebnis: Auf 120 offene Lehrstellen kommen 100 Bewerber. 1984 gab es dagegen nur 95 freie Lehrstellen auf 100 Bewerber. Die Hitparade der „Lehrberufe" hat sich dagegen kaum geändert. Bei den Jungen sind noch immer die technischen Berufe wie Automechaniker beliebt. Die Mädchen wählen am häufigsten die Berufe Kauffrau, Friseuse und Verkäuferin.

9 Ask your partner the questions. Write down your own answers

1. Was möchtest du nach der Schule machen?
2. Warum?
3. Was möchtest du nach der Schule nicht machen?
4. Warum nicht?
5. Was ist dein Traumberuf?
6. Warum?
7. Was macht man in diesem Beruf?
8. Was braucht man dafür?
9. Für welchen Beruf interessierst du dich gar nicht?
10. Warum nicht?

Kontrolle 4

1 Listen to Sandra's interview

1 Where was Sandra on holiday and for how long?
2 What did she like about the place? Give three details.
3 Name two disadvantages for young people there.
4 Sandra talked about pollution problems there. Give two details.

2 Write out the sentences filling in the blanks

1 ... Regen ist sehr verschmutzt.
  a süßer   **b** salziger   **c** saurer

2 Wer zu lange in der Sonne liegt, bekommt einen ... .
  a Sonnenschutz   **b** Sonnenbrand   **c** Sonnenöl

3 „Hilfe! Eine Wespe hat mich ...!"
  a gebissen   **b** geschnitten   **c** gestochen

4 Für einen Campingurlaub braucht man ein ... .
  a Zelt   **b** Zimmer   **c** Zoll

5 Der Arzt ... dem Patienten Tabletten.
  a verbindet   **b** verschreibt   **c** verkauft

6 Die Autos ... mit ihren Abgasen unsere Luft.
  a vergiften   **b** verletzen   **c** verbrennen

7 Immer mehr Leute benutzen heute ... Verkehrsmittel.
  a öffentliche   **b** geschlossene   **c** verbrennen

8 Pfandflaschen sind besser für die Umwelt als ... .
  a Einwegflaschen   **b** Glasflaschen
  c Zweiwegflaschen

3 Packing for a camping holiday

Tell your partner what you are taking.

Beispiel:
Ich nehme *zwei Pullover* mit.
Ich packe auch *zwei T-Shirts* ein.
Ich brauche *ein Handtuch, einen Schlafsack* und *Sonnenöl*.
Den Regenschirm und *den Fön* brauche ich nicht.
Den Gameboy und *den Computer* nehme ich auch nicht mit.

4 Read the article

1 Explain the title of this article
2 True or false?
  a There were fewer visitors to Germany from America than last year.
  b The number of overseas visitors to Germany has decreased.
  c Schleswig Holstein had the biggest drop in numbers of visitors.

Deutschland ist als Reiseland wieder im Kommen

WIESBADEN – Gäste aus Japan und den USA haben für März wieder verstärkt Urlaubsziele in den alten Bundesländern gebucht, wie das Statistische Bundesamt mitteilte. Aus Fernost kamen 57 Prozent mehr Reisende als im März des vergangenen Jahres, aus den USA 29 Prozent mehr. Insgesamt stiegen die Übernachtungszahlen ausländischer Besucher im März um sechs Prozent auf 2,3 Millionen, während die alten Bundesländer für die Einheimischen an Attraktivität verloren haben: Registriert wurden 17,8 Millionen Übernachtungen, das sind fünf Prozent weniger als im gleichen Vorjahresmonat. Verlierer in der Besuchergunst waren Schleswig-Holstein mit einem Minus von 24 Prozent und Niedersachsen mit zehn Prozent weniger Übernachtungen.

DIE WELT

Im Kommen sein – modern -, gefragt sein
die Besuchergunst – Beliebtheit (unter den Besuchern)

5 Write out the passage filling in the correct parts of *haben* or *sein*

Im letzten Sommer ... ich Urlaub in Spanien gemacht. Ich ... mit meinen Eltern nach Valencia gefahren. Morgens ... ich an den Strand gegangen. Ich ... mich gesonnt, und ich ... im Meer geschwommen. Nachmittags ... ich einen Stadtbummel gemacht. Wir ... auch oft in ein Café gegangen und ... dort Limonade getrunken. Abends ... wir meist im Hotel geblieben und ... dort gegessen. Danach ... ich manchmal in die Disco im Hotel gegangen – das ... Spaß gemacht!

6 Read the article

1 Which three drinks create the most rubbish?
2 Explain how some schools get over this problem.

Müll an Schulen

Abfallrecycling im Unterricht, das ist ein Thema in den meisten deutschen Schulklassen. Aber nur wenige Schulen sammeln Müll in getrennten Behältern. Das heißt: Glas kommt in den Glascontainer und Papier in den Papiercontainer. Getränkeverpackungen machen den meisten Müll, denn die Schulen verkaufen Milch, Kakao und Saft doch noch in Tüten – die dann in den Müll wandern. Nur die Grundschulen sind eine Ausnahme. Jede zweite Grundschule verkauft die Schulmilch in Mehrweg-Glasflaschen. Das heißt, die Schulen sammeln die leeren Flaschen. Diese werden gespült und mit neuer Milch gefüllt.

7 Ask your partner the questions. Write down your own answers

1 Findest du Umweltschutz wichtig oder nicht?
2 Warum (nicht)?
3 Was machst du für die Umwelt?
4 Was machst du nicht für die Umwelt?
5 Nenne fünf umweltfreundliche Dinge.
6 Nenne fünf umweltfeindliche Dinge.
7 Was kann man recyceln?
8 Was kann man nicht recyceln?
9 Hast du schon einmal eine Umweltinitiative an deiner Schule gemacht?
10 Was hast du gemacht?

8 Read the article

Which sentence best summarises the article?

1 Sandra comes from West Berlin and now lives in the eastern part of the city.
2 Young people are destroying the property.
3 Sandra and her friends want to renovate their house.

9 Fill in the correct relative pronouns

1 Emine hat einen Bruder, ... 15 Jahre alt ist.
2 Das ist der Mantel, ... ich verloren habe.
3 Hier ist das Haus, in ... Emines Großeltern wohnen.
4 Ali wohnt in einem Haus, ... sehr alt ist.
5 Kennst du die Frau, ... wir im Bus getroffen haben?
6 Ich suche meine Katze, ... ich immer noch nicht gefunden habe.
7 Dort ist der Polizist, ... so nett zu mir war.
8 Wo sind meine Einkaufstaschen, ... ich auf den Stuhl gestellt habe?

Hausbesetzer in Ost-Berlin

Mainzer Straße, Ost-Berlin: Am 4. November 1990 gab es hier blutige Straßenschlachten. Die Polizei wollte besetzte Häuser räumen, junge Chaoten antworteten mit Molotow-Cocktails, selbstgebauten Brandbomben. Kein Frieden nach der Einheit – nur Randale?

„Wir wollen keine Gewalt", sagt Sandra, 17, aus Ost-Berlin. Sie wohnte früher in der Mainzer Straße. Dort war alles ganz friedlich – „doch dann kamen die Wessi-Chaoten!" (Wessis und Ossis: umgangssprachlich für Leute aus Westdeutschland bzw. Ostdeutschland; Anmerkung der Redaktion). „Die sind verantwortlich für die Randale." Sandra ärgert sich über diese Berufsdemonstranten: "Die kommen und sagen 'Wir machen das, wir haben da Erfahrung'..."

Sandra und ihre Freunde besetzen Häuser, weil sie nicht mehr zu Hause leben wollen. 37 000 Wohnungen stehen leer in Ost-Berlin. Doch die meisten sind kaputt: kein Wasser, keine Heizung, keine Toiletten. 85 300 Berliner haben einen Wohnungsantrag gestellt. Viele junge Leute sind dabei. Sie wollen endlich weg aus der engen Elternwohnung.

„Wir sind durch die Straßen gegangen. Überall sieht man die leeren Häuser. Da haben wir uns einfach die Wohnungen genommen", erzählt Sandra. Das ging ohne Krawall, ganz friedlich. Endlich hatten sie die Freiheit, die sie wünschten. Jetzt hat sie mit zehn Leuten ein anderes Haus besetzt. „Wir verhandeln mit dem Senat. Wir wollen die Häuser nicht kaputtmachen. Wir wollen sie renovieren. Aber teure Eigentumswohnungen wollen wir auch nicht. Die können nur Wessis bezahlen."

Grammar summary

1 Nouns

Examples:

Genders	der/ein = masculine die/eine = feminine das/ein = neuter	
Nouns (singular)	der/ein Tisch die/eine Katze das/ein Klassenzimmer	the/a table the/a cat the/a classroom
Nouns (plural)	die Tische die Katzen die Klassenzimmer	the tables the cats the classrooms

Remember:
- All nouns in German always start with a capital letter.
- Learn the gender (**der**, **die** or **das**) with the noun.
- In the plural all genders become **die**.
- There are some rules governing plurals but it is best to learn each one as you learn the noun itself.
- When speaking about peoples' jobs and nationalities it is usual to omit the article, for example
  Mein Vater ist Polizist.   *My father is a policeman.*
  Ich bin Engländer(in).   *I'm English.*

2 Cases

1 The Nominative case

Example:

Der Hund heißt Rudi.   *The dog is called Rudi.*

Remember:
- The nominative case is used for the subject of a sentence.
- The nominative case is the one used in vocabulary lists, i.e. the forms **der**, **die** and **das** for *the*, and **ein**, **eine**, **ein** for *a* or *an*.

2 The Accusative case

Examples:

Der Hund frißt **das** Fleisch.   *The dog eats the meat.*
Der Hund beißt **den** Mann.   *The dog bites the man.*

Remember:
- The accusative case is used for the object of a sentence.
- It is also used after certain prepositions. See sections 5:1 and 5:3.
- Only the masculine article is changed by the accusative case.

3 The Dative case

Example:

Er gibt **dem** Hund das Fleisch.   *He gives the meat to the dog.*

Remember:
- The dative case is used to express the idea of *to* or *for someone or something*.
- In the dative plural form nouns add an extra **–n**.
- It is used after certain prepositions. See sections 5:2 and 5:3.
- It is also used after certain verbs. See section 6:8.

4 The Genitive case

Examples:

Der Hut **der** Frau ist gelb.   *The woman's hat is yellow.*
Der Hut **des** Mann**es** ist braun.   *The man's hat is brown.*

Remember:
- The genitive case is used to express the idea *of* or *belonging to someone or something*.
- It does not occur very frequently in ordinary usage.
- Masculine and neuter nouns also add an extra –**(e)s** in the genitive.
- The genitive case is also used with some prepositions. See section 5:4.

5 Summary of cases

a The Definite article
(also: **dieser, diese, dieses**; **jener, jene, jenes** etc)

	Nominative	Accusative	Dative	Genitive
m	der	den	dem	des -(e)s
f	die	die	der	der
n	das	das	dem	des -(e)s
(plural)	die	die	den -n	der

b The Indefinite article
(also: **mein, meine, mein; kein, keine, kein**)

	Nominative	Accusative	Dative	Genitive
m	ein	einen	einem	eines -(e)s
f	eine	eine	einer	einer
n	ein	ein	einem	eines -(e)s

Remember:
- There is a small group of masculine nouns (weak masculine nouns), for example **der Junge** - *the boy*, **der Bär** - *the bear*, **der Mensch** - *the person*, which add -**(e)n** in all cases in the singular and plural except in the nominative.

Example:

Nominative	Accusative	Dative	Genitive
Singular			
der Junge	den Jungen	dem Jungen	des Jungen
der Bär	den Bären	dem Bären	des Bären
der Mensch	den Menschen	dem Menschen	des Menschen
Plural			
die Jungen	die Jungen	den Jungen	der Jungen
die Bären	die Bären	den Bären	der Bären
die Menschen	die Menschen	den Menschen	der Menschen

Remember:
- Your dictionary will tell you whether a masculine noun falls into this category.

Grammar summary

3 Pronouns

Examples:

	Nominative	Accusative	Dative
I	ich	mich	mir
you (informal singular)	du	dich	dir
he/she/it	er/sie/es	ihn/sie/es	ihm/ihr/ihm
one	man	einen	einem
we	wir	uns	uns
you (informal plural)	ihr	euch	euch
they	sie	sie	ihnen
you (polite singular and plural)	Sie	Sie	Ihnen

Remember:
- When written in mid-sentence **ich** starts with a small **i**.
- Note the different meanings of **sie/Sie**.
- In German **man** is often used. In English it can mean *one, you, they* or *we*.
- In letters pronouns always start with a capital letter, for example:
  Hast **D**u meine Postkarte bekommen?

See also:
- Reflexive verbs - section 6:1f.
- Relative pronouns - section 11.

4 Adjectives

1 General

When the adjective stands on its own there is no ending.
Example:

Das Haus ist **groß**.   *The house is big.*

When the adjective stands in front of the noun an ending is added.
Example:

ein groß**es** Haus   *a big house*

2 Adjective endings after the definite article

Nominative	Accusative	Dative	Genitive
Masculine			
der alt**e** Mann	den alt**en** Mann	dem alt**en** Mann	des alt**en** Mannes
Feminine			
die klein**e** Frau	die klein**e** Frau	der klein**en** Frau	der klein**en** Frau
Neuter			
das groß**e** Haus	das groß**e** Haus	dem groß**en** Haus	des groß**en** Hauses
Plural			
die neu**en** Schuhe	die neu**en** Schuhe	den neu**en** Schuhen	der neu**en** Schuhe

3 Adjective endings after the indefinite article

Nominative	Accusative	Dative	Genitive
Masculine			
ein alt**er** Mann	einen alt**en** Mann	einem alt**en** Mann	eines alt**en** Mannes
Feminine			
eine klein**e** Frau	eine klein**e** Frau	einer klein**en** Frau	einer klein**en** Frau
Neuter			
ein groß**es** Haus	ein groß**es** Haus	einem groß**en** Haus	eines groß**en** Hauses
Plural			
neu**e** Schuhe	neu**e** Schuhe	neu**en** Schuhen	neu**er** Schuhe

4 Adjective endings without an article

Nominative	Accusative	Dative	Genitive
Masculine			
gut**er** Wein	gut**en** Wein	gut**em** Wein	gut**en** Weins
Feminine			
gut**e** Suppe	gut**e** Suppe	gut**er** Suppe	gut**er** Suppe
Neuter			
gut**es** Brot	gut**es** Brot	gut**em** Brot	gut**en** Brotes
Plural			
gut**e** Weine	gut**e** Weine	gut**en** Weinen	gut**er** Weine

5 Making comparisons

Examples:

Markus ist **älter** als Karl.   *Markus is older than Karl.*
Aber Richard ist **am ältesten**.   *But Richard is the eldest.*

This table shows how adjectives change to form the comparative and the superlative, (eg *big*, **bigger, biggest**).

Adjective	Comparative	Superlative
alt	älter	am ältesten
klein	kleiner	am kleinsten
schnell	schneller	am schnellsten
schön	schöner	am schönsten
Note:		
gut	besser	am besten

Remember:
- When used as an adjective before a noun, comparatives and superlatives continue to add on the appropriate adjectival endings.

Examples:

Ich habe den **älteren** Bruder gesehen.   *I have seen the elder brother.*
Sie hat das **teuerste** Kleid im Laden gekauft.   *She bought the most expensive dress in the shop.*

6 Possessive adjectives

Examples:

Das ist **mein** Buch
Wo ist **ihre** Mutter?

my	mein
your (*informal singular*)	dein
his	sein
her	ihr
its (one's)	sein
our	unser
your (*informal plural*)	euer
their	ihr
your (*polite singular and plural*)	Ihr

Remember:
- Possessive adjectives follow the same pattern as the indefinite article. See table in section 2:5b

7 Adjectives used as a noun

Example:

ganz   *whole*   das **Ganze**   *the whole thing*

Remember:
- Adjectives used as nouns start with a capital letter.
- Add the appropriate adjectival endings. See tables 4:2-4 on page 119.

8 *Etwas/nichts/wenig/viel* + adjective

Example:

Ich habe etwas **Schönes** für dich.

Remember:
- **Etwas/nichts/wenig** and **viel** never take an ending
- The adjective should be written with a capital letter (exception: **ander/etwas anderes**)
- The adjective takes the ending **-es**.

9 Use of *meist(e)(n)* and *beid(e)(n)*

These are adjectives and must take the appropriate endings.

Examples:

die meiste Zeit   *most of the time*
die meisten Leute   *most people*
die beiden Schwestern *both sisters*

5 Prepositions

1 Prepositions which are always followed by the accusative case

durch	*through*	um	*around*
für	*for*	wider	*contrary to*
gegen	*against*		
ohne	*without*		

Examples:

Das ist ein Geschenk **für meinen** Bruder.   *That's a present for my brother.*
Das Geschäft ist **um die** Ecke.   *The shop is around the corner.*

2 Prepositions which are always followed by the dative case

aus	out of, from
bei	at ___'s house
gegenüber	opposite
mit	with
nach	after, to
seit	since
von	from, of
zu	to

Examples:

Sie kommt **aus der** Schweiz.   *She comes from Switzerland.*
Gehen wir **zum** Bahnhof?   *Are we going to the station?*
Der Engländer wohnt **bei mir**. *The Englishman is staying at my house.*

Remember:
- Note these shortened or contracted forms:
  zu dem → **zum**   bei dem → **beim**
  zu der → **zur**   von dem → **vom**

3 Prepositions which are sometimes followed by the dative and sometimes by the accusative case

Preposition	Meaning(s) with dative	Meaning(s) with accusative
an	at, on	up to, over to, onto
auf	on	onto
in	in	into
hinter	behind	(go) behind
neben	near, next to	(go) beside, next to
über	above, over	(go) over, across
unter	under	(go) under
zwischen	between	(go) between

Examples:

Das Bild hängt **an der** Wand.   *The picture is hanging (hangs) on the wall.*
Er kam **ans** Fenster.   *He came up to the window.*
Die Katze schläft **auf dem** Stuhl.   *The cat is sleeping on the chair.*
Die Maus springt **auf den** Stuhl.   *The mouse jumps onto the chair.*
Anna sitzt **im** Kino.   *Anna is sitting in the cinema.*
Jens geht **ins** Kino.   *Jens is going into the cinema.*
Franz sitzt immer **neben mir** in Mathe. *Franz always sits next to me in maths.*
Anna hat sich **hinter mich** gesetzt.   *Anna sat down behind me.*

Remember:
- When followed by the dative the above prepositions indicate *where something is*. When followed by the accusative they indicate *movement*.
- Note these contracted forms:
  an dem → **am**   in dem → **im**
  an das → **ans**   in das → **ins**

Grammar summary

4 Prepositions which are always followed by the genitive case

trotz	in spite of
wegen	because of
während	during, whilst
(an)statt	instead (of)
außerhalb	outside of
innerhalb	inside of

Examples:

Wegen des Wetters — *Because of the weather*
Während der Sommerferien — *During the summer holidays*

See also:
- Verbs with prepositions – section 6h.

6 Verbs

Examples:

Er **spielt** Tennis. (present tense) He plays tennis./He is playing tennis.
Er **wird** Tennis **spielen**. (future tense) He will play tennis.
Er **hat** Tennis **gespielt**. (perfect tense) He has played tennis.

Remember:
- If you look for a verb in a vocabulary list or dictionary, it will be given in a form called the infinitive. In English this means *to do, to see*, etc. In German the infinitive form always ends in **–n**, for example **spielen** (*to play*), **sein** (*to be*), **basteln** (*to model*).

1 The Present tense

The present tense describes what someone is doing at the moment or does habitually (eg every day).

Examples:

Was **macht** Jutta im Moment? — *What's Jutta doing at the moment?*
Sie **spielt** im Park. — *She is playing in the park.*
Was **machst** du abends? — *What do you do in the evenings?*
Normalerweise **mache** ich meine Hausaufgaben. — *I normally do my homework.*

a Regular verbs

The usual pattern of the present tense is as follows:

spielen *(to play)*	
ich	spiel**e**
du	spiel**st**
er/sie/es/man	spiel**t**
wir	spiel**en**
ihr	spiel**t**
sie	spiel**en**
Sie	spiel**en**

Verbs following this pattern are called *regular*.

b Irregular verbs

Verbs which do not follow the above pattern exactly are called *irregular* verbs. In the present tense irregular verbs make changes in the **du** and **er/sie/es/man** form as follows:

Example:

fahren (to go, drive)	laufen (to run)	sehen (to see)	geben (to give)
ich fahre	ich laufe	ich sehe	ich gebe
du fährst	du läufst	du siehst	du gibst
sie fährt	er läuft	sie sieht	es gibt
a → ä	au → äu	e → ie	e → i

A list of the most common irregular verbs is given on page 127/8.

c Haben *and* sein

Two very important irregular verbs which you need to know are **haben** (*to have*) and **sein** (*to be*). Here are their present tense forms:

	haben	sein
ich	habe	bin
du	hast	bist
er/sie/es/man	hat	ist
wir	haben	sind
ihr	habt	seid
sie	haben	sind
Sie	haben	sind

d Modal verbs

This is the name given to a group of six verbs which can be added to a sentence together with another verb in the infinitive. They are all irregular. Here are the present tense forms of the modal verbs:

	dürfen (to be allowed to)	können (to be able to)	mögen (to like)
ich	darf	kann	mag
du	darfst	kannst	magst
er/sie/es/man	darf	kann	mag
wir	dürfen	können	mögen
ihr	dürft	könnt	mögt
sie	dürfen	können	mögen
Sie	dürfen	können	mögen

	müssen (to have to)	sollen (to ought to)	wollen (to want to)
ich	muß	soll	will
du	mußt	sollst	willst
er/sie/es/man	muß	soll	will
wir	müssen	sollen	wollen
ihr	müßt	sollt	wollt
sie	müssen	sollen	wollen
Sie	müssen	sollen	wollen

The modal verb leads to a second verb at the end of the sentence, which is in the infinitive.

Example:

Ich **muß** am Dienstag **arbeiten**.
   modal verb   2nd verb in the infinitive
I must/have to work on Tuesday.

e Separable verbs

In dictionaries, separable verbs are often shown like this: **ab/fahren, an/kommen, auf/stehen**, etc.

In the **Vokabeln** sections of this book, the separable prefix is shown in bold: **ab**fahren.

In the present tense the first part, or prefix, (eg **ab, an, ein, auf**, etc.) separates and goes to the end of the sentence or clause.

Example:

(**ab**fahren)
Der Zug **fährt** um 10 Uhr **ab.**   *The train departs at 10 o'clock.*

(**an**kommen)
Wann **kommt** der Zug in Frankfurt **an**?   *When does the train arrive in Frankfurt?*

If a modal verb is used in the same sentence, a separable verb joins back together at the end of the sentence.

Example:

Ich **muß** so früh **auf**stehen!   *I have to get up so early!*

f Reflexive verbs

Reflexive verbs are used to give the idea of *myself, yourself, him/herself* etc. You need to use an extra *reflexive* pronoun – **mich, dich**, etc. with these verbs.

In a word list, the infinitive of a reflexive verb always has **sich** in front of it.
Common reflexive verbs include:

sich anziehen	*to get dressed*
sich duschen	*to shower*
sich freuen	*to be pleased*
sich setzen	*to sit down*
sich waschen	*to get washed*

In the present tense, the reflexive forms are as follows:

ich wasche mich	*I wash myself*
du wäschst dich	*you wash yourself*
er/sie/es/man wäscht sich	*he/she/it/one washes him/her/it/oneself*
wir waschen uns	*we wash ourselves*
ihr wascht euch	*you wash yourselves*
sie waschen sich	*they wash themselves*
Sie waschen sich	*you wash yourself/yourselves*

g Imperatives

Examples:

Mach die Tür auf!
Setzen Sie sich!

Formation of the imperative for regular verbs, for example *kommen*:

(du)	Komm mit!
(ihr)	Kommt mit!
(Sie)	Kommen Sie!

For the imperative form of irregular verbs see the irregular verb table on page 127/8.

Remember:
- The imperative is often emphasised with the use of **mal**, for example
  Kommen Sie **mal** her!

h Verbs with prepositions

In German many verbs also have a preposition with them which takes the accusative, dative or genitive cases. The use of a different preposition with a particular verb can change the meaning of the verb, for example:

bestehen **aus** (+ dative)	*to consist of*
Dieser Kuchen besteht aus Mehl, Eiern und Zucker.	*This cake consists of flour, eggs and sugar.*
bestehen **auf** (+ accusative)	*to insist on*
Ich bestehe auf meine Rechte.	*I insist on my rights.*
sich freuen **auf** (+ accusative)	*to look forward to*
Ich freue mich sehr auf deinen Besuch.	*I'm looking forward very much to your visit.*
sich freuen **über** (+ accusative)	*to be pleased about*
Ich freue mich über dieses schöne Geschenk.	*I'm very pleased about this lovely present.*

2 The Future tense

The future tense describes what someone will do or is going to do. There are two ways in German of talking about the future.

a Use of the present tense + expression of time

We can use the present tense with an expression of time telling us when something is going to happen.

Example:

Ich fahre **morgen** nach Bonn.   *I'm going to Bonn tomorrow.*

b Using part of the verb werden

The true future tense is formed by using part of the verb **werden**, plus an infinitive which goes at the end of the sentence.

Part of werden	Rest of sentence	Infinitive at end
Ich werde		kaufen.
Du wirst	am Samstag eine Hose	
Er/Sie/Es/man wird	nächste Woche ins Kino	gehen.
Wir werden	diesen Sommer nach	
Ihr werdet	Portugal	fliegen.
Sie werden		
Sie werden		

Example:

Ich **werde** morgen nach Bonn **fahren**.   *I will go to Bonn tomorrow.*

3 The Perfect tense

The perfect tense is used to describe events which have happened in the past. In particular it is used in speech, or when writing letters about things which have happened.

a Choice of haben or sein

There are two parts to the perfect tense: the auxillary verb, which is always a part of either **haben** or **sein**; and the past participle of a verb, which goes to the end of the sentence. **Haben** verbs are generally those verbs which take a direct object, for example

Ich habe ein Geschenk gekauft.   *I bought a present.*

122

Grammar summary

Sein verbs do not take a direct object. They are often used to denote movement, for example

    Ich bin im Meer geschwommen.   *I swam in the sea.*

Some verbs can take either **haben** or **sein**, depending on the context.
Example:

    Ich **habe** das Auto gefahren.   *I drove the car.*
    Ich **bin** nach Paris gefahren.   *I went to Paris.*

b Regular verbs

To make the past participle of a regular verb add **ge–** to the **er/sie/es** part of the present tense.

Example:

    er spielt   **ge**spielt
    (er/sie/es part of present tense)   *(past participle)*

Here are some examples of the perfect tense in whole sentences with the auxiliary verb **haben**:

Auxilliary verb part of haben	Rest of sentence	Past participle	Meaning
Ich habe	meine Hausauf- gaben	gemacht.	I've done my homework.
Sie haben	den ganzen Tag	gearbeitet.	You/They have worked all day.

Some verbs, usually verbs of movement or travel, form the perfect tense with the auxiliary verb **sein**.

Auxilliary verb part of sein	Rest of sentence	Past participle	Meaning
Sie ist	nach Bremen	gefahren.	She has travelled to Bremen.
Sind Sie	schon einmal	geritten?	Have you ever been horseriding?

Remember:
- Some verbs drop the **ge–** altogether from the past participle, for example
    Michael hat ein Hotelzimmer **reserviert**.   *Michael has reserved a hotel room.*
- **Sein**, **bleiben** and **werden** all take **sein** as an auxiliary in the perfect tense, for example
Ich **bin** gewesen
Er **ist** geblieben
Du **bist** geworden

c Irregular verbs

A list of irregular past participles is shown on page 127/8. These should be learnt by heart.

d Separable verbs

When they are the past participle at the end of the sentence, they close up again with **ge** in the middle.

Example:
(abfahren)
    Der Zug **ist** um 10 Uhr **abgefahren**.   *The train left at 10 o'clock.*

(ausfahren)
    Ich **habe** den Hund **ausgeführt**.   *I have taken the dog out.*

e Reflexive verbs

With reflexive verbs, the reflexive pronoun (**mich**, **dich**, etc.) stays as close as possible to the auxilliary verb.

Examples:

    Ich **habe mich** nach dem Hockeyspiel **geduscht**.   *I showered after the hockey match.*
    Wir **haben uns** über die Nachrichten sehr **gefreut**.   *We were very pleased to hear the news.*

4 The Pluperfect tense

This tense is used to convey the idea of **had** done something.
Example:

    Ich **hatte** die Karten schon gekauft.   *I had already bought the tickets.*
    Ich **war** schon letztes Jahr nach London gefahren.   *I had already been to London last year.*

The pluperfect tense is formed in exactly the same way as the perfect tense except that the imperfect forms of the auxiliary verbs **haben** and **sein** are used. These are as follows:

	haben	sein
ich	hatte	war
du	hattest	warst
er/sie/es/man	hatte	war
wir	hatten	waren
ihr	hattet	wart
sie	hatten	waren
Sie	hatten	waren

5 The Imperfect tense

The imperfect tense is also used to describe events in the past, in particular to relate a story or a past event. Written accounts, stories and reports are usually in the imperfect tense.

a Use of imperfect rather than perfect tense

Some very common verbs are nearly always used in the imperfect instead of the perfect tense. These are **haben**, **sein**, **werden** and the modal verbs. You can find the imperfect forms in the verb table on page 127/8.

Examples:

    Wir **mußten** gehen.   *We had to go.*
    Ich **hatte** Angst.   *I was afraid.*
    Man **konnte** es kaum sehen.   *You/one could hardly see it.*

b Regular verbs

To form the imperfect tense, add the following endings to the **er/sie/es** present tense form of the verb:

Example:

er **spielt** (present tense)			
ich spiel**te**	*I played*	wir spiel**ten**	*we played*
du spiel**test**	*you played*	ihr spiel**tet**	*you played*
er/sie/es/man spiel**te**		sie spiel**ten**	*they played*
	he/she/it/one played	Sie spiel**ten**	*you played*

123

c Irregular verbs

Find the imperfect stem of the verb by looking at the table on page 127/8.

Example:

gehen → ging

Then add the following endings:

ich ging	I went
du gingst	you went
er/sie/es/man ging	he/she/it/one went
wir gingen	we went
ihr gingt	you went
sie gingen	they went
Sie gingen	you went

6 The Conditional tense

The conditional tense is used to say *what you would do, if .....*

Form the conditional tense as follows:

Wenn ich ..... wäre, würde ich .....(+ *infinitive at the end*)
If I were ....., I would .....

Wenn ich ..... hätte, würde ich .....(+ *infinitive at the end*)
If I had ..., I would ...

Examples:

| Wenn ich reich wäre, würde ich nach Amerika fahren. | *If I were rich, I would travel to America.* |
| Wenn ich zehntausend Mark hätte, würde ich eine Weltreise machen. | *If I had ten thousand marks, I would go on a world trip.* |

Other uses of the conditional tense that you need to recognise include:

Ich möchte ein Kilo Äpfel.	*I'd like a kilo of apples.*
Könntest du den Tisch decken, bitte.	*Could you lay the table, please.*
Wir sollten meine Oma besuchen.	*We should (ought to) visit my granny.*
Würden Sie bitte das Fenster zumachen.	*Would you please close the window.*

7 Negatives

a Nicht

The word **nicht** is usually used to express *not*.

Examples:

| Ich gehe **nicht**. | *I'm not going.* |
| Er ist **nicht** jung. | *He is not young.* |

b kein/keine

The word **kein(e)** is used with nouns to express the idea *no, not a, not any*.

Kein(e) follows the pattern of **ein(e)** for endings and adjectival agreements.

Examples:

| Das ist **kein** Hund. Das ist **ein** Fuchs! | *That's no dog. That's a fox!* |
| Ich habe **keinen** Bruder, aber ich habe **eine** Schwester. | *I haven't got a brother but I have got a sister.* |

Remember:
- **nicht** + **ein(e)** = **kein(e)**

c) The word nichts means nothing.

Examples:

| Ich habe heute **nichts** gekauft. | *I haven't bought anything today.* |
| Ich habe **nichts** dagegen. | *I have nothing against it.* |

8 Verbs followed by the dative case

The following are a selection of the most common verbs which are followed by the dative case:

helfen	to help
antworten	to answer
gelingen	to succeed
glauben	to believe someone
danken	to thank
gehören	to belong to
schmecken	to taste

Note also these common phrases :

Es tut mir leid.	*I'm sorry.*
Es geht mir gut.	*I'm fine.*
Es tut mir weh.	*It hurts.*
Es ist mir kalt.	*It's cold.*

9 The Passive mood

The passive mood describes what is done to something or someone, for example

| Das Essen wird gekocht. | *The food is being cooked.* |
| Das Auto wurde gestohlen. | *The car was stolen.* |

The present tense of the passive mood is formed by using the correct form of the present tense of **werden** with a past participle, for example

ich werde	(+ past participle)
du wirst	
er/sie/es/man wird	
wir werden	
ihr werdet	
sie werden	
Sie werden	

The past form is formed using the imperfect form of **werden** with a past participle, for example

ich wurde	(+ past participle)
du wurdest	
er /sie/es/man wurde	
wir wurden	
ihr wurdet	
sie wurden	
Sie wurden	

Grammar summary

7 Word order

1 Verb as second idea

The verb is usually the second *idea* in the sentence or clause. Sometimes it is the actual second word, but not always.

Examples:

Ich (1) **heiße** (2) Martin.	*I am called Martin.*
Der Zug (1) **fährt** (2) um 8 Uhr ab.	*The train departs at 8 o'clock.*
Morgen (1) **gehe** (2) ich einkaufen.	*I'm going shopping tomorrow.*

In the last example the **ich** is pushed on in the sentence so that **gehe** is still the second idea.

2 Some of the words which send the verb to the end of the sentence or clause

The most common ones are:

als	when
bis	until
daß	that
ob	whether
obwohl	although
während	while
weil	because
wenn	when/if
wo	where

Examples:

Er sagt, **daß** er krank *ist*. *He says that he is ill.*
Wenn es *regnet*, fahre ich mit dem Bus zur Schule. *When it is raining I go to school by bus.*

3 Words which don't change the order

The following five words can be used to join sentences without changing the word order: **und, oder, aber, denn, sondern**.

Example:

Es schneit, **aber** es ist schön. *It's snowing, but the weather is nice.*

4 um ... zu

This expresses *in order to*. The infinitive is used with **zu** and goes to the end of the sentence.

Example:

Ich ging zum Krankenhaus, **um** meine Oma **zu** besuchen.

5 Time, manner, place

In sentences with several elements in them, they appear in the order: time (when), manner (how), place (where), for example
Ich bin um 10 Uhr (*time*) mit dem Zug (*manner*) nach München (*place*) gefahren.

6 Order of pronouns and nouns in a sentence

Notice the order of the direct object/indirect object in the following sentences:

Er gibt	mir das Buch
	dative pronoun / noun in the accusative
Er gibt	es dem Mann
	accusative pronoun / noun in the dative
Er gibt	es mir
	accusative pronoun / dative pronoun
Er gibt	dem Mann das Buch
	noun in the dative / noun in the accusative

8 Question Forms

1 Questions requiring a *ja/nein* answer

To form questions requiring a **ja/nein** answer, simply put the verb at the beginning of the sentence.

Example:

Spielst du Tennis? *Do you play tennis?*

2 Questions requiring more complex answers

To form questions requiring more information in the answer, use the following question words at the beginning of the sentence followed by the verb:

Wann?	When?
Warum?	Why?
Was?	What?
Was für?	What kind of?
Welche/r/s?	Which?
Wer?	Who?
Wie?	How?
Wie lange?	How long?
Wo?	Where?

Example:

Wann beginnt der Film? *When does the film begin?*

9 Wann, wenn, als

These three words all mean *when* but are used in different ways.

Wann is a question word.
Example:

Wann gehst du zur Schule? *When are you going to school?*

Wenn is not used in questions, only in statements, and means *when, whenever* and *if*.
Example:

Wenn es schön ist, fahre ich Rad. *When (whenever) it's fine I go cycling.*

Als is the word used for *when* in sentences using the past tense.
Example:

Als ich nach Hause kam, war er krank. *When I came home, he was ill.*

10 Expressing likes, dislikes and preferences

Examples:

Ich spiele **gern** Federball.	I **like** playing badminton.
Ich schwimme **nicht gern**.	I **don't like** swimming.
Ich esse **lieber** in einem Restaurant als zu Hause.	I **prefer** eating in a restaurant to (eating at) home.

11 Relative Pronouns

	Nominative	Accusative	Dative	Genitive
Masculine	der	den	dem	dessen
Feminine	die	die	der	deren
Neuter	das	das	dem	dessen
Plural	die	die	denen	deren

Examples:

Der Mann, **der** hier wohnt, kommt aus München.	The man who lives here comes from Munich.
Der Mann, **den** ich kenne, heißt Herr Müller.	The man whom I know is called Herr Müller.
Der Mann, **dem** ich das Paket gab, fährt morgen nach London.	The man to whom I gave the package is going to London tomorrow.
Der Mann, **dessen** Vater krank ist, arbeitet als Arzt.	The man whose father is ill is working as a doctor.
Der Mann, **dessen** Frau eine Brille trägt, hört schlecht.	The man whose wife wears glasses is hard of hearing.
Die Frau, **deren** Vater Kellner ist, heißt Frau Arnold.	The woman whose father is a waiter is called Frau Arnold.
Die Frau, **deren** Tochter ein Jahr alt wird, hat einen Kuchen gebacken.	The woman whose daughter will be one year old has made a cake.

Remember:
- The gender and number of the relative pronoun refers back to the subject in the main clause or sentence.
- The case of the relative pronoun is dependent on its role in the relative clause. Is it the subject, object, or is it in the dative or genitive case?

12 Use of ss and ß

ß is used:
- always before another consonant, eg **mußte**
- always at the end of a word, or at the end of a word within a compound, eg **Fuß, Fußball**
- after a long vowel, eg **Füße**
- after a diphthong, eg **außer**

ss is used:
- after short vowels, eg **Flüsse**
- when a word is written with capital letters, eg **FUSSBALL**

Remember:
- If in doubt, it is perfectly correct to use **ss** instead of **ß**.
- **ß** is also known as **scharfes S**, **es-tset** and **eszett**.

13 Expressions of time

Note these common expressions of time which should be learnt.

eines Tages	one day
eines Morgens	one morning
eines Nachmittags	one afternoon
eines Abends	one evening
morgens	in the morning(s)
vormittags	in the morning(s)
nachmittags	in the afternoon(s)
abends	in the evening(s)
nachts	at night
montags, dienstags, mittwochs	every Monday, every Tuesday, every Wednesday ..... (on Mondays, on Tuesdays, on Wednesdays .....)
am Montag, Dienstag, Mittwoch	on Monday, on Tuesday, on Wednesday .....
vor einer Woche	a week ago
vor drei Jahren	three years ago
Seit wann lernst du Deutsch?	How long have you been learning German?
Ich lerne Englisch seit zwei Jahren.	I've been learning English for two years.
Seit wann wohnst du hier?	How long have you been living here?
Ich wohne hier seit fünf Jahren.	I've been living here for five years.
Er war ein ganzes Wochenende bei uns.	He was with us the whole weekend.
Ich war den ganzen Abend dort.	I was there all evening.

Table of irregular verbs

This verb table shows the most common irregular verbs. Compound verbs are not shown. For example **biegen** is shown, but **abbiegen** is not. Past participles marked with * use **sein**. All the rest use **haben**.

INFINITIVE	IRREG. PRESENT	IMPERFECT	PERFECT	ENGLISH
beginnen	beginnt	begann	begonnen	*to begin*
biegen	biegt	bog	gebogen	*to bend*
bieten	bietet	bot	geboten	*to offer*
bitten	bittet	bat	gebeten	*to ask*
bleiben	bleibt	blieb	geblieben*	*to stay*
brechen	bricht	brach	gebrochen	*to break*
bringen	bringt	brachte	gebracht	*to bring*

Grammar summary

INFINITIVE	IRREG. PRESENT	IMPERFECT	PERFECT	ENGLISH
denken	denkt	dachte	gedacht	to think
dürfen	darf	durfte	gedurft	to be allowed to
empfehlen	empfiehlt	empfahl	empfohlen	to recommend
essen	ißt	aß	gegessen	to eat
fahren	fährt	fuhr	gefahren*	to go, travel
fallen	fällt	fiel	gefallen*	to fall
fangen	fängt	fing	gefangen	to catch
finden	findet	fand	gefunden	to find
fliegen	fliegt	flog	geflogen*	to fly
frieren	friert	fror	gefroren	to freeze
geben	gibt	gab	gegeben	to give
gehen	geht	ging	gegangen*	to go
gelingen	gelingt	gelang	gelungen*	to succeed
genießen	genießt	genoß	genossen	to enjoy
geschehen	geschieht	geschah	geschehen*	to happen
gewinnen	gewinnt	gewann	gewonnen	to win
haben	hat	hatte	gehabt	to have
halten	hält	hielt	gehalten	to stop
hängen	hängt	hing	gehangen	to hang
heben	hebt	hob	gehoben	to lift
heißen	heißt	hieß	geheißen	to be called
helfen	hilft	half	geholfen	to help
kennen	kennt	kannte	gekannt	to know (a person)
kommen	kommt	kam	gekommen*	to come
können	kann	konnte	gekonnt	to be able to
lassen	läßt	ließ	gelassen	to allow
laufen	läuft	lief	gelaufen*	to run
leiden	leidet	litt	gelitten	to suffer
leihen	leiht	lieh	geliehen	to lend
lesen	liest	las	gelesen	to read
liegen	liegt	lag	gelegen	to lie
meiden	meidet	mied	gemieden	to avoid
mögen	mag	mochte	gemocht	to like
müssen	muß	mußte	gemußt	to have to
nehmen	nimmt	nahm	genommen	to take
nennen	nennt	nannte	genannt	to name
raten	rät	riet	geraten	to guess
reiten	reitet	ritt	geritten*	to ride
reißen	reißt	riß	gerissen*	to rip
rufen	ruft	rief	gerufen	to call
scheiden	scheidet	schied	geschieden	to separate
scheinen	scheint	schien	geschienen, gescheint	to shine
schlafen	schläft	schlief	geschlafen	to sleep
schlagen	schlägt	schlug	geschlagen	to hit
schließen	schließt	schloß	geschlossen	to shut
schneiden	schneidet	schnitt	geschnitten	to cut
schreiben	schreibt	schrieb	geschrieben	to write
sehen	sieht	sah	gesehen	to see
sein	ist	war	gewesen*	to be
senden	sendet	sandte	gesandt	to send
sitzen	sitzt	saß	gesessen	to sit
sollen	soll	sollte	gesollt, sollen	ought to
sprechen	spricht	sprach	gesprochen	to speak
stehen	steht	stand	gestanden	to stand
steigen	steigt	stieg	gestiegen*	to climb
sterben	stirbt	starb	gestorben*	to die
stoßen	stößt	stieß	gestoßen	to push
tragen	trägt	trug	getragen	to carry
treffen	trifft	traf	getroffen	to meet
treiben	treibt	trieb	getrieben	to do, drive
trinken	trinkt	trank	getrunken	to drink
tun	tut	tat	getan	to do
vergessen	vergißt	vergaß	vergessen	to forget
verlieren	verliert	verlor	verloren	to lose
verschwinden	verschwindet	verschwand	verschwunden*	to disappear
wachsen	wächst	wuchs	gewachsen*	to grow
waschen	wäscht	wusch	gewaschen	to wash
wenden	wendet	wandte	gewandt	to turn
werden	wird	wurde	geworden*	to become
werfen	wirft	warf	geworfen	to throw
wiegen	wiegt	wog	gewogen	to weigh
wissen	weiß	wußte	gewußt	to know (a fact)
ziehen	zieht	zog	gezogen	to pull

127

Cassette transcript

1 Sport und Gesundheit

1 Welchen Sport beschreiben Miriam, Sven und Tim?

Mein Name ist Miriam. Mögt ihr Tiere? Dann mögt ihr auch meinen Sport, denn man braucht für diese Sportart ein großes Tier. Mädchen finden diesen Sport besonders gut.

Ich heiße Sven. Meinen Sport nennt man auch den „weißen Sport". Man braucht einen Schläger und einen kleinen Ball. Man spielt diesen Sport mit zwei oder mit vier Personen.

Ich bin der Tim. Bei meinem Sport benutzt man nur die Füße. Man spielt ihn mit zwei Mannschaften. Zu jeder Mannschaft gehören 11 Spieler. Man muß schnell sein und gut laufen können.

2 Wer bestellt was?

Ober: Guten Tag! Bitte sehr?
Markus: Ich möchte eine Bratwurst mit Kartoffelsalat.
Ober: Tut mir leid, Bratwurst haben wir nicht.
Markus: Hmm... haben Sie Hamburger?
Ober: Ja – mit oder ohne Käse?
Markus: Einen Hamburger ohne Käse, bitte. Und einmal Pommes frites, bitte.
Ober: Groß oder klein?
Markus: Groß, bitte.
Ober: Und was möchtest du trinken?
Markus: Eine Cola bitte.
Ober: Kommt sofort. Und du? Was möchtest du?
Susi: Also, ich möchte den Nudelauflauf. Ist da Fleisch drin?
Ober: Ja, der Nudelauflauf ist mit Schinken.
Susi: Nein, das mag ich nicht. Ich nehme dann die Gemüsepizza.
Ober: Einmal Gemüsepizza – gern.
Susi: Ach ja – und einen grünen Salat.
Ober: Kein Problem. Und zu trinken?
Susi: Einen Orangensaft – nein, ein Mineralwasser, bitte.
Ober: Ja. Euer Essen kommt sofort!

3 Anne lebt gesund.

Hallo, ich heiße Anne. Ich bin 16 und seit drei Jahren Vegetarierin. Meine Mutter war am Anfang dagegen. Sie sagte: „Du mußt doch Fleisch essen – Fleisch ist gesund!" Aber jetzt weiß sie auch: man kann auch ohne Fleisch leben! Ich esse viel frisches Gemüse und Obst – ich ernähre mich sehr gesund. Und ich mache auch sehr viel Sport – Sport ist super! Mein Lieblingssport ist Basketball. Ich trainiere dreimal in der Woche. Mein Vater ist seit einem Jahr auch Vegetarier. Manchmal kochen wir zusammen vegetarische Gerichte – ich koche nämlich sehr gerne. Am liebsten esse ich Nudeln mit Käse. Nur Eier mag ich nicht – obwohl sie vegetarisch sind. Leider sind nur einige meiner Freunde Vegetarier – das finde ich schade!

4 Vegetarier

Interviewer: Katja, seit wann bist du Vegetarierin?
Katja: Seit fünf Jahren. Damals war ich elf und habe im Fernsehen eine Sendung über Schweine gesehen. Das war furchtbar: Die armen Tiere leben die ganze Zeit in dunklen Käfigen. Sie können sich nicht bewegen. Und sie bekommen Drogen, damit sie ruhig bleiben. Zuerst quält man sie, und dann tötet man sie einfach – nur damit wir Fleisch essen können! Da war es für mich klar: Ich esse kein Fleisch mehr – ich werde Vegetarierin!
Interviewer: Ist vegetarisches Essen gesund?
Katja: Ja, es ist sehr gesund. Wer kein Fleisch ißt, hat zum Beispiel 80% weniger Herzkrankheiten.
Interviewer: Aber ist Essen ohne Fleisch nicht langweilig?
Katja: Nein, das finde ich nicht. Ich esse viel frisches Obst und Gemüse, Nudeln, Reis, und ich esse Käse und trinke viel Milch. Diese Sachen kosten nicht so viel wie Fleisch – vegetarisches Essen ist also auch billiger!
Interviewer: Was sagen deine Freunde dazu?
Katja: Die sind auch alle Vegetarier.
Interviewer: Warum ist es für euch so wichtig, Vegetarier zu sein?
Katja: Wir lieben Tiere – das ist für uns am wichtigsten. Wir wollen ihnen nicht wehtun. Und außerdem: Fleisch ist heute voll mit Chemie – das hat mit der Natur nichts mehr zu tun!

2 Schule

1 Hör den Beschreibungen zu

1 Wer auf diese Schule geht, kann später das Abitur machen.
2 Du lernst diese Sprache in der Schule. Das Rätselwort fängt mit *D* an. Der letzte Buchstabe ist *H*.
3 Eine Klasse wiederholen müssen.
4 Ein anderes Wort für Zensur.
5 Man schreibt die Stunden für jeden Schultag darauf.
6 Ein Schulfach: Hier lernt man alles über Zahlen.
7 Die freie Zeit in der Schule.
8 In diesem Fach lernt man alles über Computer.
9 Eine Gruppe von Schülern.

2 Richtig oder falsch?

Interviewer: Hallo, kann ich dich für das Schülerradio interviewen? Wir machen eine Sendung zum Thema „ein typischer Schultag".
Phillip: Ja, klar.
Interviewer: Wie heißt du?
Phillip: Ich heiße Phillip – Phillip Baumeister.
Interviewer: Phillip, was ist dein Lieblingsfach?
Phillip: Ich interessiere mich sehr für Zahlen – mein Lieblingsfach ist Mathe.
Interviewer: Wie oft hast du Mathemathik?
Phillip: Ich habe drei Stunden Mathe in der Woche.
Interviewer: Und in welche Klasse gehst du?
Phillip: Ich bin in der achten Klasse.
Interviewer: Welche Fächer magst du gar nicht?
Phillip: Ach, naja – Französisch mag ich überhaupt nicht.
Interviewer: Warum nicht?
Phillip: Die Lehrerin ist so streng. Und der Unterricht ist so langweilig!
Interviewer: Heute ist Montag – wie viele Stunden Unterricht hast du heute?

128

Cassette transcript

Phillip: Heute habe ich sechs Stunden.
Interviewer: Wann beginnt der Unterricht?
Phillip: Um Viertel vor neun.
Interviewer: Was machst du in den Pausen, Phillip?
Phillip: Also, in den Pausen spiele ich mit meinen Freunden Gameboy. Im Sommer spielen wir auch oft Basketball.
Interviewer: Und wann kommst du mittags von der Schule nach Hause?
Phillip: Meistens um zwei Uhr. Dann esse ich erstmal zu Mittag, und dann spiele ich Fußball.
Interviewer: Und wann machst du deine Hausaufgaben?
Phillip: Meine Hausaufgaben mache ich abends.
Interviewer: Phillip, macht dir die Schule Spaß?
Phillip: Ja schon, aber manchmal ist sie auch ganz schön stressig.
Interviewer: Was möchtest du später mal werden?
Phillip: Vielleicht Pilot – oder Lehrer.
Interviewer: Danke für das Interview, Phillip.

3 Schule in Deutschland und Schule in Großbritannien

Ich habe letztes Jahr meine Brieffreundin in England besucht – sie wohnt in Birmingham. Ich bin auch mit ihr zur Schule gegangen. Die Schule in England ist schon anders als bei uns! In Berlin fahre ich zum Beispiel mit dem Fahrrad zur Schule – wie alle meine Freundinnen. In England fahren die meisten Schüler mit dem Bus, oder die Eltern bringen sie mit dem Auto. Und dann die Schuluniformen – die finde ich schrecklich! So etwas gibt es bei uns nicht! Karen – das ist meine Brieffreundin – findet Uniformen aber ganz normal. Die englischen Schüler sind auch viel höflicher zu den Lehrern – das finde ich eigentlich ganz gut. Bei uns ist der Unterricht lockerer – es gibt weniger Disziplin. Also, die Schüler und Lehrer in Birmingham waren alle sehr nett zu mir. Jeden Mittag habe ich mit Karen und ihren Freundinnen in der Schulkantine gegessen. Ja, richtiges Mittagessen gibt es bei uns in der Schule nicht – wir essen unsere Pausenbrote. Schlimm fand ich aber, daß die Schule nach dem Mittagessen weitergeht – dann haben wir schulfrei! Die englischen Schüler haben bis um vier Uhr Unterricht – das ist zu lang, finde ich! Ob ich lieber in England zur Schule gehen möchte? Nein, ich glaube nicht!

3 Freizeit

1 Wer trägt was?

Ich heiße Susi. Ich trage ein kurzes rotes Kleid, schwarze Stiefel und ein weißes T-Shirt. Auf dem Kopf habe ich eine schwarz-rote Mütze. Ach ja, und ich habe auch eine schicke Sonnenbrille auf.

Mein Name ist Jens. Heute trage ich Jeans und einen roten Pullover. Ich habe auch eine Jacke – sie ist aus Leder. Und ich trage einen blauen Schal und weiße Trainingsschuhe.

Ich bin die Tanja. Also, ich trage einen langen schwarzen Rock und eine enge, kurze Bluse. Sie ist sehr bunt. Was trage ich noch? Schwarze Turnschuhe und schwarze Strumpfhosen. Und ich habe große, goldene Ohrringe.

2 Wohin gehen Susi und Thomas?

Susi: Hier Berger!
Thomas: Hallo Susi, hier ist Thomas!
Susi: Hallo Thomas!
Thomas: Du Susi, hast du Lust, am Sonnabend auszugehen?
Susi: Super Idee! Was machen wir?
Thomas: Wir können ins Kino gehen!
Susi: Ja, im Filmpalast gibt es einen Film mit Keanu Reeves.
Thomas: Nein, den mag ich nicht. Aber was ist mit Disco? Am Sonnabend ist Techno-Nacht im Odeon.
Susi: Nein, samstags kann ich nicht. Ich hab's – wir gehen Freitagabend in die Disco!
Thomas: Nein, tut mir leid. Freitag abend spiele ich Fußball.
Susi: Ach so…
Thomas: Ich habe eine Idee… wie wäre es mit essen gehen?
Susi: Ja, super!
Thomas: Also, der Italiener am Bahnhof ist toll.
Susi: Nein, da war ich erst letzte Woche mit meinen Eltern.
Thomas: Ich weiß: Wir gehen zum neuen türkischen Restaurant!
Susi: Ja, wo treffen wir uns?
Thomas: An der Bushaltestelle an der Kanterstraße. Um wieviel Uhr?
Susi: Um halb acht?
Thomas: Ja, um halb acht. Also, bis dann. Tschüß!
Susi: Tschüß!

3 Sind die Sätze richtig oder falsch?

Ich bin die Tanja. Meine Mutter gibt mir jeden Monat 100 Mark. Das ist nicht viel – ich muß davon alles selber bezahlen: Schulsachen, modische Klamotten… Ich kaufe mir auch jede Woche Pop- und Modezeitschriften. Manchmal gibt mir meine Oma etwas Geld. Meine Eltern sagen immer: „Andere Kinder sparen ihr Taschengeld!". Aber das kann ich nicht!

Ich heiße Johannes. Ich bekomme 60 Mark im Monat. Das ist genug, finde ich – ich komme damit gut aus. Ich habe keine teuren Hobbys. Ich kaufe mir zum Beispiel keine Jugendzeitschriften – das interessiert mich nicht. Für Kleidung interessiere ich mich auch nicht – die kauft immer meine Mutter. Manchmal gehe ich mit meinem Freund ins Kino – ich mag Action-Filme.

Andrea ist mein Name. Also, ich bekomme jeden Monat 80 Mark Taschengeld. Meine Mutter gibt mir auch Geld für meine Schulsachen und meine Buskarte. Was ich mit meinem Taschengeld mache? Manchmal gehe ich mit meinen Freundinnen in die Disco. Aber das ist teuer: Eine Cola kostet dort 4 Mark! Ich spare mein Taschengeld lieber – ich will mir nämlich einen Computer kaufen!

4 Computerspiele

Interviewer: Meike, wie findest du Computerspiele?
Meike: Computerspiele machen Spaß!
Interviewer: Wie oft spielst du Computerspiele?
Meike: Jeden Tag. In den Schulpausen spiele ich mit meinem Gameboy, und nachmittags spiele ich an meinem Computer zu Hause.
Interviewer: Warum machst du Computerspiele?
Meike: Also, man muß sich konzentrieren, und man muß logisch denken. Und außerdem: Mit Computerspielen hat man nie Langeweile! Das finde ich gut!
Interviewer: Sind alle Freunde und Freundinnen deiner Meinung?
Meike: Nein – mein Freund Thorsten findet Computerspiele nicht gut. Er sagt: „Du sitzt die ganze Zeit vor deinem Computer – das ist doch langweilig! Und für mich hast du dann nie Zeit!" Naja, manchmal hat er recht…
Interviewer: Wieso?
Meike: Computerspiele sind eben total spannend. Manchmal

kann ich einfach nicht aufhören – ich sitze dann stundenlang vor meinem Computer. Danach tun mir natürlich die Augen weh. Meine beste Freundin Silke findet Computerspiele nicht gut: „Die machen dumm", sagt sie. Aber das stimmt nicht. Klar, einige Computerfans haben keine anderen Interessen. Sie spielen den ganzen Tag Computerspiele. Sie haben keine Freunde und sitzen allein vor ihrem Computer. Das ist natürlich nicht gut. Aber ich lese auch viel, und ich schaue gern fern!

4 Medien

1 Wie ist das Wetter?

Hier ist das Wetter für Montag. Im Norden ist es sonnig und heiß. Temperaturen um 25 Grad. Im Osten gibt es vereinzelt Gewitter. Temperatur 20 Grad. Im Süden regnet es. Es ist sehr schwül. Die Temperatur beträgt 27 Grad. Im Westen ist es neblig. Temperatur 15 Grad.

2 Mach Notizen

Interviewer: Wir sind beim neuen deutschen Fernsehsender VIVA. VIVA ist ein Musiksender für Jugendliche in Deutschland. Hallo, wie heißt du?
Mascha: Ich heiße Mascha Kramer.
Interviewer: Arbeitest du bei VIVA?
Mascha: Ja, ich bin Moderatorin bei VIVA.
Interviewer: Mascha, wie alt bist du?
Mascha: Ich bin 21 Jahre alt.
Interviewer: Und woher kommst du?
Mascha: Ich komme aus Rostock. Das ist in Ostdeutschland.
Interviewer: Wie lange bist du schon bei VIVA?
Mascha: Seit Anfang 1994 – also seit drei Jahren.
Interviewer: Wie heißt deine Sendung?
Mascha: Ich mache den Rock-Report. Den Rock-Report gibt es jeden Tag von 18 bis 20 Uhr.
Interviewer: Mascha, was hast du davor gemacht?
Mascha: Ich war Studentin – ich habe Englisch und Musik studiert.
Interviewer: Und was sind deine Hobbys?
Mascha: Musik natürlich! Ich spiele in einer Band. Und ich lese gern – am liebsten Science-Fiction-Romane.

3 Richtig oder falsch?

Interviewer: Petra, wie alt bist du?
Petra: Ich bin 16 Jahre alt.
Interviewer: Und wo wohnst du?
Petra: Ich wohne in Passau. Das ist in Bayern – in Süddeutschland.
Interviewer: Sag mal, Petra, interessierst du dich für Fernsehen?
Petra: Ja, schon. Ich schaue ziemlich oft Fernsehen.
Interviewer: Welche Sendungen siehst du denn am liebsten?
Petra: Also, am liebsten sehe ich amerikanische Unterhaltungsserien. Die sind immer interessant und spannend. Dabei kann ich mich gut ausruhen. Das ist Unterhaltung – mehr nicht.
Interviewer: Und welche Sendungen siehst du gar nicht gern?
Petra: Politische Sendungen und Nachrichten finde ich total langweilig. Dafür interessiere ich mich nicht.
Interviewer: Hast du auch Kabelfernsehen?
Petra: Nein, leider nicht. Kabelfernsehen finde ich toll – vor allem die Musiksender.
Interviewer: Liest du auch Zeitungen?
Petra: Tageszeitungen lese ich nicht. Aber ich lese natürlich Jugendzeitschriften. Da steht alles über Popstars und über Jugendprobleme drin. Diese Themen interessieren mich!

4 Welcher Satz paßt am besten?

Hallo, ich bin Campino, der Sänger der Toten Hosen. Die Toten Hosen – das ist eine Punkband aus Deutschland. Wir machen Punkmusik mit deutschen Texten. Aber viele deutsche Jugendliche hören am liebsten Musik aus England und den USA. Sie sagen: „Popmusik mit deutschen Texten? Nein danke – das ist total blöd!" Ich bin anderer Meinung. Also, die Toten Hosen wollen einfach nur gute Unterhaltungsmusik machen. Spaß ist für uns am wichtigsten. Der Erfolg im Ausland interessiert uns nicht. Unsere Fans kommen aus Deutschland, Österreich und der Schweiz – die sind für uns wichtig. Wir singen auf deutsch, weil wir aus Deutschland kommen. Natürlich träumen wir davon, reich und berühmt zu sein – aber in Deutschland und nicht in Amerika. Für uns ist am wichtigsten: Wir machen witzige deutsche Popmusik mit lustigen deutschen Texten. Das finden unsere Fans gut – und wir auch!

5 Jugend

1 Welche Zeichnung ist richtig?

Ich heiße Martin. Ich habe ein Problem: meine Eltern sind sehr streng. Ich muß abends schon um 10 Uhr zu Hause sein. An den Wochenenden darf ich nur bis halb elf wegbleiben. Meine Freunde müssen aber erst um halb zwölf zu Hause sein!

Ich bin die Ina. Meine Eltern schimpfen mit mir, wenn ich schlechte Noten habe. Das finde ich unfair. In einigen Fächern bin ich eben nicht so gut. Doch meine Eltern sagen nur: „Du bist zu faul – mußt mehr lernen!"

Mein Name ist Olaf. Mein Problem ist mein Zimmer. Ich mag Unordnung, aber meine Mutter nicht! Sie sagt immer: „Räum sofort dein Zimmer auf – sonst darfst du am Wochenende nicht in die Disco!" Das ist ungerecht – es ist doch mein Zimmer!

2 Schau auf Martins Terminkalender

Hallo Martin, hier ist Ollie. Hast du Lust, am Freitag mit mir zum Techno-Rave ins Odeon zu gehen? Susi und Tom kommen auch mit. Wir treffen uns um 20 Uhr am Marktplatz. Bitte melde dich!

Hi Martin, ich bin's – Nina. Ich gehe am Dienstag abend ins Kino – im Scala läuft der neue Otto-Film. Komm doch mit! Die Vorstellung beginnt um 19 Uhr. Wir können uns ja vorher im Eiscafé treffen. Tschüs!

Martin, hallo! Daniel hier. Du, am Samstag ist eine tolle Party bei der Silke aus der 9A. Kommst du mit? Es wird bestimmt toll – Julia, Mareike und Andi kommen auch! Wir treffen uns alle um halb neun im Jugendzentrum – ruf mich doch bitte an!

Martin, hier ist Ina. Wir machen am Sonntag eine Radtour an den Emmasee – mit Picknick. Hast du Lust, mitzukommen? Wir treffen uns um zehn Uhr morgens am Schloßbad. Vergiß nicht deine Badehose! Also, melde dich bei mir!

3 Sarahs Besuch

Hallo, ich heiße Sarah. Ich komme aus England. Ich besuche gerade meine Brieffreundin Anja in Berlin. Also, es gefällt mir sehr gut in Deutschland. Alle Leute sind sehr nett zu mir –

Cassette transcript

besonders meine Austauschfamilie. Mein Deutsch ist noch nicht so gut, aber alle helfen mir sehr. Mit Anja verstehe ich mich auch super. Ich teile ein Zimmer mit ihr – wir haben immer viel Spaß. Ich gehe auch mit Anja zur Schule. Anja ist in der 8. Klasse. Sie geht auf das Gymnasium. Schule in Deutschland finde ich gut. Am meisten Spaß macht Deutsch und Biologie. Was machen wir nachmittags? Dann fahren wir mit dem Fahrrad in die Stadt. Dort treffen wir uns mit Anjas Freundinnen – sie sind total nett. Abends sehen wir fern und spielen Karten. Das ist immer lustig. Das Essen in Deutschland schmeckt auch lecker – am liebsten mag ich Bratwurst mit Kartoffelsalat.

4 Warum hat sich Meike von ihrem Freund getrennt?

Interviewer: Hallo Meike!
Meike: Hallo.
Interviewer: Meike, wie alt bist du?
Meike: Ich bin 17 Jahre alt.
Interviewer: Hast du einen festen Freund?
Meike: Nein, ich habe mich vor drei Monaten von meinem Freund getrennt.
Interviewer: Wie lange wart ihr zusammen?
Meike: Ein Jahr.
Interviewer: Warum hast du denn mit deinem Freund Schluß gemacht?
Meike: Ach, wir hatten ganz andere Hobbys und Interessen. Ich gehe am Wochenende zum Beispiel gerne aus – in die Disco. Aber Rainer – das ist mein Ex-Freund – hatte dazu nie Lust. Er saß dann am liebsten vor dem Fernseher.
Interviewer: Und das war ein Problem?
Meike: Ja, aber nicht nur das. Rainer interessierte sich auch sehr für Sport – zu sehr, fand ich. Jeden Nachmittag war er im Tennisverein. Wir konnten uns nur abends treffen.
Interviewer: Gab es noch andere Probleme?
Meike: Ja. Rainer wollte auch nie, daß ich mit meinen Freundinnen weggehe. „Du hast doch jetzt mich", hat er immer gesagt. Aber er war doch meistens beim Tennis! Ich bin eben gerne mit meinen Freundinnen zusammen. Ich habe auch noch ein anderes Hobby: Musik. Ich singe in einer Band. Aber das fand Rainer auch nicht gut – für meine Musik hat er sich gar nicht interessiert.
Interviewer: Meike, möchtest du wieder einen Freund haben?
Meike: Nein, im Moment nicht! Ich bin gern allein – jetzt hab' ich wieder Zeit für meine Freundinnen und für meine Interessen. Das finde ich wichtig!

6 Wohnsiedlung

1 Das passende Zimmer

Ich heiße Michael. Mein Zimmer ist sehr ordentlich. Meine Kleidung ist im Kleiderschrank. Auf dem Bücherregal stehen alle meine Bücher. Ja, und meine Hausaufgaben mache ich an meinem Schreibtisch.

Ich bin die Susi. Mein Zimmer ist sehr klein. Es ist sehr gemütlich: ich habe ein Bett, ein Sofa, einen Stuhl und einen Schrank. An den Wänden habe ich viele Poster. Ich habe auch einen kleinen Fernseher.

Mein Name ist Markus. In meinem Zimmer habe ich ein Bett, einen Schreibtisch, einen Stuhl und einen Schrank. Meine Möbel sind alle schwarz. Das gefällt mir. Ach ja, ich habe auch eine Stereoanlage.

2 Monika und Daniel beschreiben ihre Haustiere

Ich habe einen kleinen Hund. Er heißt Toni. Toni ist sehr süß! Er beißt nicht und er mag Kinder. Toni ist zwei Jahre alt. Er hat ein schönes braunes Fell. Toni ist sehr klein und sehr rund – er ist viel zu dick! Am liebsten mag er Schokolade und Bananen. Er ist auch sehr faul – spazierengehen mag er gar nicht! Ich muß ihn dann immer tragen. Also, was mag er noch? Wenn ich sein lockiges Fell bürste!

Also, unser Haustier heißt Maja. Maja ist eine Katze. Wir haben sie aus dem Tierheim geholt. Maja ist sehr schön: Sie war die schönste Katze im Tierheim! Sie hat ein weißes, langes Fell und blaue Augen. Maja ist schon zehn Jahre alt. Aber sie ist immer noch sehr verspielt: am liebsten spielt sie mit unseren Schuhen! Maja ist auch gerne draußen: Im Sommer ist sie den ganzen Tag im Garten. Dann wird ihr schönes weißes Fell schmutzig, und ich muß sie baden.

3 Sind die Sätze richtig oder falsch?

Mein Name ist Sven. Hausarbeit macht Spaß, finde ich! Ich helfe meiner Mutter jeden Tag: ich bringe den Müll nach draußen, ich räume mein Zimmer auf und ich wasche am Wochenende ab. Nur Kochen macht mir keinen Spaß – das machen meine Eltern! Was ich sonst noch im Haushalt mache? Ich muß jeden Tag staubsaugen – und ich muß einmal im Monat mein Zimmer saubermachen.

Ich heiße Lisa. Ich brauche im Haushalt nicht viel zu helfen – Gottseidank! Ich finde Hausarbeit langweilig. Am schlimmsten finde ich Abwaschen: das macht immer mein Bruder. Meine Mutter will, daß ich ihr bei der Hausarbeit helfe. Also räume ich mein Zimmer auf, decke den Mittagstisch und ich gehe manchmal einkaufen. Das ist genug, finde ich!

Ich heiße Karin. Hausarbeit muß sein – das ist klar. Ich finde das auch nicht so schlimm – ich bin nämlich sehr ordentlich. Was ich zu Hause mache? Also, ich gehe zweimal in der Woche einkaufen – zum Supermarkt. Meine Geschwister und ich haben uns die Hausarbeit geteilt: Meine Schwester staubsaugt jeden Tag, mein Bruder macht jede Woche das Bad sauber und ich gehe zum Einkaufen.

4 Was gibt es in Dörtes Zimmer?

Interviewer: Hallo, Dörte!
Dörte: Hallo! Willkommen in meinem Zimmer!
Interviewer: Dein Zimmer ist aber groß!
Dörte: Ja, das finde ich super. Ich brauche viel Platz!
Interviewer: Warum?
Dörte: Also, ich sammle Puppen. Ich habe über 100 Puppen aus der ganzen Welt! Meine Lieblingspuppen sitzen auf meinem Bett. Mein Vater hat auch vier Regale für mich gebaut – für den Rest meiner Sammlung.
Interviewer: Bist du gern in deinem Zimmer?
Dörte: Ja, mein Zimmer ist sehr gemütlich. Vor dem Fenster steht ein altes Sofa. Ich habe es von meiner Oma. Dort sitze ich nachmittags immer und höre Musik, oder ich lese.
Interviewer: Und wo machst du deine Schularbeiten?
Dörte: An meinem Schreibtisch. Mein Schreibtisch ist sehr groß – dort steht auch mein Computer.
Interviewer: Was gefällt dir am besten in deinem Zimmer?
Dörte: Mein Fernseher. Den habe ich von meinen Eltern zum Geburtstag bekommen. Jetzt kann ich immer meine Lieblingsprogramme sehen!
Interviewer: Hast du auch eine Stereoanlage?

Dörte: Ja, ich habe einen CD-Spieler. Einen Plattenspieler habe ich nicht – ich habe nur CDs.
Interviewer: Und was gefällt dir nicht an deinem Zimmer?
Dörte: Daß es so unordentlich ist! Ich bin sehr faul und räume selten auf. Ich habe zum Beispiel einen großen Kleiderschrank – aber ich finde trotzdem nie meine Klamotten!
Interviewer: Was gibt es noch in deinem Zimmer?
Dörte: Also, natürlich einen Stuhl, ein Regal für meine Bücher, Pflanzen – und viele Poster an den Wänden!

7 Meine Stadt

1 Tina und Florian beschreiben ihre Stadt

Tina: Meine Stadt ist sehr alt und sehr gemütlich. Sie ist sehr klein, aber auch sehr schön. Bei uns ist es sehr ruhig – wir haben viel Natur, und die Luft ist sehr gut. Moderne Häuser gibt es bei uns nicht. Für Jugendliche gibt es hier aber nicht viel zu tun – leider. Manchmal ist es hier etwas langweilig – aber ich wohne gerne hier.

Florian: Ich wohne in einer Großstadt. In meiner Stadt gibt es alles: einen Hafen, viele Sehenswürdigkeiten und auch sehr viele Geschäfte. Hier ist immer etwas los – das finde ich gut. Die öffentlichen Verkehrsmittel sind auch sehr gut: Es gibt Züge, Busse und Straßenbahnen. Aber es gibt auch viel Lärm und Verkehr – man hat nie Ruhe.

2 Wie heißt Susis Straße?

Susi: Schmidt.
Monika: Hallo Susi! Du, ich bin schon da – mein Zug ist vor zehn Minuten am Hauptbahnhof angekommen.
Susi: Hallo Monika! Das ist ja super! Wie war die Zugfahrt?
Monika: Etwas langweilig. Du Susi, ich rufe vom neuen Pferdemarkt aus an. Wie komme ich denn zu dir?
Susi: Also... vom Pferdemarkt... du gehst geradeaus und dann die erste Straße links. Dann gehst du die zweite Straße rechts – an der Post vorbei.
Monika: Zweite Straße rechts – und an der Post vorbei..
Susi: Ja. Dann mußt du die erste Straße links nehmen und dann die erste Straße rechts.
Monika: ... links – und dann rechts ... ist gut.
Susi: OK. Dann kommst du an eine Kreuzung. An der Kreuzung gehst du links. Am Ende dieser Straße ist dann rechts unsere Straße. Wir wohnen Nummer 15.
Monika: Und – wie lange muß ich gehen?
Susi: Ach, es ist nicht weit – 10 bis 15 Minuten.
Monika: Kein Problem – tschüs Susi, bis später!
Susi: Ja, bis später. Tschüs!

3 Im Text sind fünf Fehler

Anke: Hallo Sina! Sina, warte mal!
Sina: Hallo Anke! Was ist denn?
Anke: Du, ich mache gerade ein Projekt für Unsere Umwelt-AG. Wir wollen wissen: wie kommen die meisten Schüler zur Schule? Kann ich dir ein paar Fragen stellen?
Sina: Ja, natürlich.
Anke: Sina, wo wohnst du?
Sina: Ich wohne in Berlin.
Anke: Und in welcher Klasse bist du?
Sina: Ich bin in der 8. Klasse.
Anke: Sina, wie kommst du zur Schule?
Sina: Also, früher bin ich mit dem Bus zur Schule gefahren. Vor einem Jahr sind wir aber umgezogen – und jetzt fahre ich mit der U-Bahn.
Anke: Wie lange dauert die Fahrt?
Sina: Ich gehe morgens um zehn vor acht aus dem Haus. Die U-Bahnstation ist direkt an unserer Straße. Um 8 Uhr 35 steige ich dann an der Station Wannsee aus. Dort ist meine Schule. Die Fahrt dauert also 45 Minuten.
Anke: Mußt du auch umsteigen?
Sina: Ja, leider – ich muß zweimal umsteigen.
Anke: Fährst du gern mit der U-Bahn?
Sina: Hmm, nein. Die Fahrt ist langweilig. Am liebsten fahre ich Rad – aber das dauert zu lange.
Anke: Hast du ein Rad?
Sina: Ja, ich habe ein blaues Mountainbike. An den Wochenenden mache ich oft mit meinen Freundinnen eine Radtour. Radfahren ist gesund!
Anke: Und wie findest du Autos?
Sina: Die finde ich schrecklich: Sie verschmutzen die Umwelt! Nein, ich fahre lieber Rad.
Anke: Danke für deine Hilfe, Sina.

4 Was gibt es in Franks Stadt?

Ich wohne in Leipzig – das ist in Ostdeutschland. In Leipzig gibt es viele Sehenswürdigkeiten: die Thomaskirche, die Messe, die Oper, das Gewandhaus... jedes Jahr kommen Tausende von Touristen in unsere Stadt! Ein Teil von Leipzig ist sehr alt – aber es gibt auch moderne Viertel mit Hochhaussiedlungen. Leipzig ist eine schöne Stadt, finde ich! Es gibt einige schöne Parks. Interessant ist auch der Zoologische Garten im Norden . Für Jugendliche gibt es auch einiges zu tun: es gibt Jugendzentren und Sportclubs. Ich spiele zum Beispiel beim FC Tröndlinring Fußball. Ach ja, und dann haben wir natürlich auch Kinos, Discos und Musikclubs. Das Leben in so einer Großstadt hat allerdings auch Nachteile: es gibt sehr viel Verkehr und Umweltverschmutzung. Die öffentlichen Verkehrsmittel sind auch nicht sehr gut – manchmal muß man eine halbe Stunde auf einen Bus warten. Und es gibt auch immer mehr Kriminalität – das macht mir Angst. Aber trotzdem: ich wohne gerne in Leipzig!

8 Arbeitspraktikum

1 Sind die Sätze richtig oder falsch?

Herr Berger: Guten Tag, Personalabteilung, Berger.
Sabina: Guten Tag, Herr Berger. Mein Name ist Sabine Runge. Ich möchte gern ein Praktikum in Ihrem Betrieb machen.
Herr Berger: Ja, Fräulein Runge, wo möchten Sie denn Ihr Praktikum machen?
Sabina: Am liebsten in einem Büro.
Herr Berger: Ja, das ist kein Problem. Und wann möchten Sie Ihr Praktikum machen?
Sabina: Meine Sommerferien sind vom 23. Juni bis zum 7. August.
Herr Berger: Gut, dann können Sie Ihr Praktikum vom 1. bis zum 30.7. machen.
Sabina: Oh, danke! Und – wann fange ich morgens an?
Herr Berger: Die Arbeit beginnt um neun Uhr. Wir sind ein sehr kleiner Betrieb – nur 25 Leute.
Sabina: Was soll ich machen, Herr Berger?
Herr Berger: Können Sie Briefe tippen?
Sabina: Nein, leider nicht. Aber ich mag Computer.
Herr Berger: Gut. Dann können Sie der Sekretärin des Chefs helfen. Sie können am Computer arbeiten.

Sabina: Und wie lange muß ich jeden Tag arbeiten?
Herr Berger: Bis um 17 Uhr.
Sabina: Gut, danke. Noch eine Frage: Habe ich samstags frei?
Herr Berger: Ja, natürlich! Gut, Fräulein Runge, können Sie dann nächste Woche zu einem Vorstellungsgespräch kommen? Am Dienstag – um 15 Uhr?
Sabina: Ja, natürlich, gerne. Vielen Dank, Herr Berger – auf Wiedersehen!
Herr Berger: Auf Wiedersehen!

2 Silke und Thomas beschreiben ihr Arbeitspraktikum

Ich habe drei Wochen lang im Fremdenverkehrsbüro gearbeitet. Die Arbeit war sehr interessant. Ich hatte verschiedene Aufgaben: Ich mußte zum Beispiel viel telefonieren, Hotelzimmer für Touristen reservieren, Fahrkarten bestellen und Stadtrundfahrten organisieren. Die Kollegen waren sehr nett und haben mir sehr geholfen. Toll fand ich, daß ich selbständig arbeiten konnte. Die Arbeit war aber auch ganz schön anstrengend. Vor allem am Wochenende war immer viel los. Da war es manchmal schwierig, immer höflich zu bleiben! Die Arbeit hat mir aber trotzdem gut gefallen. Besonders schön fand ich den Kontakt mit Menschen aus anderen Ländern.

Mein Arbeitspraktikum war in einem Büro. Ich habe für den Chef des Betriebs gearbeitet. Ich mußte Briefe tippen, Akten ablegen, Dokumente ordnen und mit dem Computer arbeiten. Manchmal konnte ich ein bißchen Englisch und Französisch sprechen – mit Kunden am Telefon. Ich mußte auch immer Kaffee kochen und Kuchen holen. Die Arbeit war nicht besonders interessant – eigentlich ziemlich langweilig. Ich mußte jeden Tag das Gleiche machen. Der Chef war sehr nett, aber hatte immer viel zu tun. Und ich hatte kaum Kontakt mit ihm. Die anderen Kollegen hatten auch selten Zeit für mich. Ich fühlte mich ziemlich allein. Toll fand ich die Arbeit mit dem Computer – ich habe ein neues Computersystem kennengelernt. Die Arbeit mit den Kunden war auch interessant. Und zuviel zu tun hatte ich auch nicht – Streß hatte ich nie!

3 Was ist das ideale Arbeitspraktikum für Oliver?

Interviewer: Hallo Oliver, setze dich doch.
Oliver: Danke.
Interviewer: So, du möchtest also in den Sommerferien ein Arbeitspraktikum machen?
Oliver: Ja.
Interviewer: Ja, was sind denn deine Lieblingsfächer?
Oliver: Biologie und Geographie.
Interviewer: Und welche Fächer magst du gar nicht gern?
Oliver: Englisch und Französisch – für Sprachen interessiere ich mich nicht.
Interviewer: Aha. Erzähl mal, Oliver, was für Interessen hast du?
Oliver: Also, ich interessiere mich sehr für die Natur. Ich bin auch in einer Naturschutzgruppe. Am Wochenende beobachten wir Vögel. Wir tun auch viel für den Umweltschutz – wir pflanzen Bäume, wir demonstrieren gegen Umweltverschmutzung und so.
Interviewer: Ja, wo würdest du denn gerne ein Praktikum machen?
Oliver: Ich weiß nicht. Aber ich möchte auf keinen Fall den ganzen Tag im Büro sitzen. Das finde ich langweilig!
Interviewer: Und wie ist es mit anderen Menschen? Ist der Kontakt mit Leuten – mit Kunden zum Beispiel – wichtig für dich?
Oliver: Nein, eigentlich nicht. Ich kann auch gut allein arbeiten, glaube ich.
Interviewer: Aha. Oliver, beschreib dich mal. Was für ein Mensch bist du?
Oliver: Also… ich… ich bin fleißig und sehr diszipliniert. Ich kann schwer arbeiten – das macht mir nichts aus. Ich bin auch sehr praktisch. Leider bin ich manchmal etwas launisch und ungeduldig.
Interviewer: Und was möchtest du später werden?
Oliver: Das weiß ich noch nicht. Aber ich möchte gern studieren – Biologie oder Tiermedizin.
Interviewer: Vielen Dank, Oliver. Wir finden sicher ein passendes Arbeitspraktikum für dich!

9 Berufsbewerbung

1 Welchen Beruf beschreiben Silke und Oliver?

Silke: Für diesen Beruf muß man lange studieren. Man hilft anderen Menschen. Man darf keine Angst vor Krankheiten und Verletzungen haben. Viele Leute mit diesem Beruf arbeiten in einem Krankenhaus.

Oliver: Dieser Beruf kann gefährlich sein – man darf keine Angst haben. Man trägt eine grüne Uniform und eine Mütze. Man kämpft gegen Kriminalität. Der Kontakt mit anderen Menschen ist sehr wichtig.

2 Welches Foto paßt?

Ich heiße Martin. Für mich ist ein guter Job am wichtigsten. Am liebsten möchte ich später mit Computern arbeiten – damit kann man sehr viel Geld verdienen. Ich möchte ein schnelles Auto und eine schöne Wohnung haben. Ja, ich möchte auf jeden Fall Karriere machen. Das heißt natürlich: jeden Tag lange arbeiten, vielleicht auch an den Wochenenden. Heiraten und Kinder haben – nein, das ist nichts für mich.

Mein Name ist Sandra. Ein Beruf ist wichtig – keine Frage. Ich möchte später studieren und Lehrerin werden – das ist mein Traumberuf. Ich liebe Kinder. Also, am wichtigsten ist für mich eine eigene Familie: ich möchte später auf jeden Fall einen netten Mann und zwei Kinder haben – das stelle ich mir toll vor. Karriere ist nicht so wichtig für mich.

Ich bin der Sven. Ich lebe nicht gern in der Stadt – hier ist es so schmutzig und so laut. Ich möchte später auf dem Land wohnen – in einem großen Bauernhof mit vielen Freunden zusammen. Wir brauchen nicht viel zum Leben – Luxus interessiert uns nicht. Wir essen unser eigenes Obst und Gemüse, und wir haben auch einige Kühe und Hühner. Sie geben uns Milch und Eier. So ein Leben finde ich toll!

3 Welche Sätze sind richtig?

Bremen, den 18. Februar. Hallo Kirsten, diesmal schicke ich dir einen Brief auf Kassette. Wie geht es dir? Hast du auch Streß mit all den Abiturprüfungen? Sag mal, weißt du schon, was du nach dem Abitur machst? Ich möchte gern studieren – am liebsten Medizin. Die anderen in meiner Klasse wissen noch nicht, was sie nach dem Abitur machen sollen. Ja, das ist nicht einfach! Aber ich weiß: ich will später einen guten Job haben und viel Geld verdienen. Das ist für mich am wichtigsten. Darum möchte ich studieren. Hoffentlich bekomme ich einen Studienplatz! Viele

Studenten müssen lange darauf warten. Früher bekam man sofort einen Studienplatz – heute ist das anders. Meine beste Freundin Sandra will eine Lehre als Hotelmanagerin machen. Sie hat schon zehn Bewerbungsbriefe geschrieben. Eine Lehre ist aber nichts für mich – ich warte lieber auf einen Studienplatz. Wünsch mir Glück! Viele liebe Grüße deine Meike

4 Ein Vorstellungsgespräch mit Herrn Meier

Herr Meier: Guten Tag, Fräulein Lischke, setzen Sie sich bitte.
Frl. Lischke: Guten Tag, Herr Meier. Danke.
Herr Meier: So... Sie heißen Monika Lischke und Sie machen im April Abitur?
Frl. Lischke: Ja, das stimmt.
Herr Meier: Und Sie gehen auf das Geschwister-Scholl-Gymnasium?
Frl. Lischke: Ja, ich bin in der 12. Klasse.
Herr Meier: Und Sie möchten bei uns also eine Lehre als Sekretärin machen.
Frl. Lischke: Ja, sehr gern.
Herr Meier: Was für Hobbys haben Sie denn, Fräulein Lischke?
Frl. Lischke: Ich interessiere mich sehr für Computer. Ich habe einen eigenen Computer zu Hause. Ich lese auch sehr viel. Für Sport interessiere ich mich auch – am liebsten spiele ich Tennis.
Herr Meier: Soso... und haben Sie auch Fremdsprachen?
Frl. Lischke: Ja, ich spreche Englisch, Französisch und Spanisch.
Herr Meier: Das ist ja sehr intereressant. Wie sind denn Ihre Noten in Englisch und Französisch?
Frl. Lischke: Im letzten Zeugnis hatte ich eine Eins in Englisch und eine Zwei in Französisch.
Herr Meier: Und ich sehe, Sie haben schon im letzten Sommer ein Praktikum bei uns gemacht?
Frl. Lischke: Ja, ich habe vier Wochen lang im Verkauf gearbeitet. Die Arbeit hat mir sehr gut gefallen – ich habe dort viel gelernt.
Herr Meier: Was interessiert Sie besonders an der Lehre?
Frl. Lischke: Ich hoffe vor allem, daß ich viel mit Computern arbeiten kann.
Herr Meier: Ja, also vielen Dank, Fräulein Lischke. Haben Sie noch Fragen?
Frl. Lischke: Ja, bitte: wie ist die Arbeitszeit?
Herr Meier: Wir fangen morgens um acht Uhr dreißig an und hören um sechzehn Uhr dreißig auf.
Frl. Lischke: Danke, Herr Meier, das ist alles.

10 Inselträume

1 Wohin fahren Susanne, Kai und Oliver in Urlaub?

Mein Name ist Susanne. Ich fahre in den Weihnachtsferien in Urlaub. Sonne und heiße Länder sind nichts für mich – ich mag Schnee und Kälte. Im Urlaub will ich nicht faulenzen – ich will aktiv sein.

Ich bin der Kai. Ich liebe die englische Sprache. Darum mache ich im Sommer einen Sprachkurs in England. Ich wohne zwei Wochen bei einer Gastfamilie und lerne jeden Tag englisch.

Mein Name ist Oliver. Ich liebe Sonne, Sand und das Meer! Fremde Länder finde ich toll. Ich mache dieses Jahr Urlaub in Europa – im letzten Sommer war ich in Amerika. Ich will mich im Urlaub entspannen.

2 Ina sucht Unterkunft

Frau: Guten Tag, Jugendherberge Berggrund!
Ina: Guten Tag, hier Ina Bayer. Ich plane gerade einen Wanderurlaub in Südbayern und möchte in der Woche vom 8. bis zum 15. Januar auch einmal in Ihrer Jugendherberge übernachten. Haben Sie in der Woche ein Zimmer frei?
Frau: Gern – ich schaue nach. Also – am Montag, den 8. Januar sind wir leider belegt.
Ina: Moment bitte – ich hole etwas zum Schreiben... Also – am Montag geht es nicht?
Frau: Nein – da sind wir belegt. Am Dienstag... ja – da habe ich noch ein Zimmer frei.
Ina: Am Dienstag – ein Zimmer frei.
Frau: Ja – und am Mittwoch...nein, tut mir leid – da ist kein Zimmer mehr frei.
Ina: Also... am Mittwoch ist kein Zimmer frei.
Frau: Jetzt Donnerstag – ich schau mal... ja, am Donnerstag ist noch alles frei.
Ina: Und was ist mit Freitag?
Frau: Freitag – Moment mal... nein, da sind wir wieder belegt.
Ina: OK, am Freitag also nicht.
Frau: Nein. Aber Samstag – ja, da habe ich noch ein Zimmer. Ja, Samstag geht.
Ina: Samstag – da ist ein Zimmer frei.
Frau: Ja.
Ina: Und am Sonntag?
Frau: Tut mir leid, am Sonntag ist die Jugendherberge geschlossen.
Ina: Vielen Dank. Ich überlege es mir und rufe Sie dann wieder an!
Frau: Ja, gerne. Auf Wiederhören!
Ina: Auf Wiederhören!

3 Kreuz die richtigen Antworten an

Interviewer: Lars, verreist du in den Sommerferien?
Lars: Ja, dieses Jahr fahre ich wieder in den Süden – nach Griechenland. Letztes Jahr war ich in Spanien.
Interviewer: Wo warst du in Spanien?
Lars: An der Costa del Sol – das Wetter war super. Ich hoffe, daß es in Griechenland genauso heiß ist!
Interviewer: Wie fährst du dorthin?
Lars: Ich fliege von Berlin nach Athen. Das ist am billigsten.
Interviewer: Und wie lange fährst du in Urlaub?
Lars: Leider nur für 14 Tage.
Interviewer: Lars, was willst du im Urlaub machen?
Lars: Also, ich will mich vom Schulstreß erholen! Ich will am Strand liegen, mich sonnen und schwimmen. Aber vor allem will ich nichts tun! Viele meiner Freunde machen Aktivurlaub, aber das ist nichts für mich. Ich will mich im Urlaub ausruhen!
Interviewer: Verreist du mit deinen Eltern?
Lars: Ja, dieses Jahr fahr ich mit meinen Eltern in Urlaub. Letztes Jahr bin ich mit meinem besten Freund verreist.
Interviewer: Hast du auch schon Urlaubspläne für das nächste Jahr?
Lars: Ja, nächstes Jahr möchte ich gern nach Amerika fahren.

4 Warum verreist Monika in den Ferien nicht?

Ich heiße Monika und ich bin 16 Jahre alt. Ich gehe in die 9. Klasse. Also, in den Sommerferien bleibe ich dieses Jahr zu Hause. Ich habe kein Geld, um zu verreisen. Ich werde in den Ferien drei Wochen lang arbeiten. Ich möchte mir nämlich einen Computer kaufen. Was ich machen werde? Ich werde in einem

Supermarkt in unserer Straße arbeiten. Von neun Uhr morgens bis 18 Uhr 30 sitze ich dann an der Kasse. Die Arbeit ist nicht leicht, aber ich verdiene ganz gut – ich bekomme zehn Mark die Stunde. Samstags und sonntags habe ich frei – dann kann ich mich mit meinen Freundinnen treffen. Die meisten von ihnen arbeiten auch in den Ferien. Am Wochenende wollen wir uns dann amüsieren – wir gehen in die Disco. Nach dem Urlaubsjob habe ich noch drei Wochen Ferien – super! Dann werde ich richtig faulenzen! Ich will lange schlafen, viel lesen und viel fernsehen. Im Sommer ist in unserer Stadt auch immer etwas los: es gibt Stadtfeste, Konzerte, Open Air-Festivals... Ich finde, Urlaub zu Hause ist toll! Es gibt immer etwas Interessantes zu tun – ich werde mich auf keinen Fall langweilen!

11 Probleme

1 Was haben diese Touristen verloren?

1 Wo ist meine braune Handtasche?
2 Ich habe meine Brieftasche verloren!
3 Haben Sie meine Kette gefunden?
4 Hilfe! Meine Uhr ist weg!
5 Ich habe meinen schwarzen Schirm verloren.
6 Wo ist meine Jacke?
7 Entschuldigung – haben Sie meine Schlüssel gefunden?
8 Oh nein – meine Geldbörse ist weg!
9 Ich habe meinen roten Schirm verloren.

2 Was paßt zusammen?

1 Es ist an der Kreuzung an der Goethestraße passiert. Der andere Wagen ist viel zu schnell gefahren. Er ist mir direkt in die Tür gerast. Aber Gottseidank ist niemandem etwas passiert!

2 Ich glaube, ich habe ihn im Bus verloren. Ich bin mit der Linie 10 zum Bahnhof gefahren. Dann bin ich zum Marktplatz gelaufen. Es fing an zu regnen – und mein Schirm war weg!

3 Oh nein – wie ärgerlich! Jetzt ist die Maschine schon wieder kaputt! Das ist das zweite Mal in dieser Woche! Jetzt muß ich doch zum Supermarkt gehen und mir dort Schokolade kaufen!

4 Micky! Micky! Entschuldigung – haben Sie vielleicht meine Micky gesehen? Sie ist heute morgen weggelaufen. Ich hab sie schon überall gesucht, aber ich kann sie nicht finden!

5 Hilfe! Hilfe! Meine Tasche! Stehenbleiben! Meine Tasche! Halten Sie den Dieb! Oh nein – mein ganzes Geld! Hilfe! Hilfe!

6 Also, wir sind hier am Bahnhof. Wie kommen wir zur Oper? Laß mich mal sehen...wir gehen geradeaus und dann die erste Straße links... an der Kreuzung gehen wir dann rechts – und dann ist die Oper dort links.

7 Ich habe schon großen Hunger! Ach nein – schau mal – das Restaurant hat heute geschlossen! Wie schade! Tja, was machen wir jetzt? Ich weiß – wir gehen zur Pizzeria am Marktplatz – die hat jeden Tag auf!

8 Also, was brauche ich: Brot, Mineralwasser, Äpfel... nanu – was ist hier denn los... und dieser Lärm... der Laden hat ja zu! Ach nein, dann muß ich doch zum Einkaufen in die Stadt fahren!

Cassette transcript

3 Sind die Sätze richtig oder falsch?

Andi: Hallo! Ich bin der Andi. Wir machen ein Videoprojekt zum Thema „ausländische Jugendliche in Deutschland." Können wir dir ein paar Fragen stellen?
Emine: Ja, klar.
Andi: Also... wie heißt du?
Emine: Ich heiße Emine, und ich bin Türkin.
Andi: Emine, wie alt bist du?
Emine: Ich bin 16 Jahre alt.
Andi: Wo wohnst du?
Emine: Ich wohne in Hamburg-Harburg.
Andi: Hast du auch Geschwister, Emine?
Emine: Ja, ich habe zwei Schwestern und zwei Brüder.
Andi: Gehst du noch zur Schule?
Emine: Ja, ich gehe in die 8. Klasse. Ich bin in der Realschule.
Andi: Hast du einen Berufswunsch?
Emine: Ja, nach der Schule möchte ich gerne eine Lehre als Friseuse machen.
Andi: Haben deine Eltern auch Arbeit?
Emine: Also, meine Mutter arbeitet nicht. Mein Vater arbeitet in einer Fabrik.
Andi: Ist Deutschland deine Heimat?
Emine: Ja, aber jetzt wollen meine Eltern wieder in die Türkei zurück – zu meinen Großeltern. Sie wohnen in einem kleinen Dorf.
Andi: Warum wollen deine Eltern aus Deutschland weg?
Emine: Sie haben Angst vor der Ausländerfeindlichkeit hier.
Andi: Und du? Was möchtest du?
Emine: Ich möchte in Deutschland bleiben. Ich bin hier geboren und aufgewachsen. Das ist meine Heimat – und nicht die Türkei!
Andi: Danke für das Gespräch, Emine.

12 Umweltschutz/Transport

1 Welche Fotos passen zu welchem Interview?

Ich heiße Melanie. Umweltschutz ist wichtig, finde ich. Darum mache ich Recycling: Ich sammle Glasflaschen und bringe sie zum Altglascontainer. Und meine alten Zeitungen und Zeitschriften kommen in den Altpapiercontainer.

Mein Name ist Lars. Was ich für die Umwelt tue? Ich fahre überall mit dem Fahrrad hin. Das ist gesünder, billiger – und ist gut für die Umwelt. Autos sind umweltfeindlich. Die Autoabgase verschmutzen unsere Luft. Darum: Autofahren – nein danke!

Ich bin die Eva. Ich versuche, umweltfreundlich zu leben. Zum Einkaufen nehme ich eine Stofftasche und keine Plastiktüte. Und im Supermarkt kaufe ich nur umweltfreundliche Produkte – zum Beispiel Pumpspraydosen oder phosphatfreie Reinigungsmittel.

2 Beantworte die Fragen

Interviewer: Hallo, Urs, hallo Pia!
Urs/Pia: Hallo!
Interviewer: Wir machen ein Interview zum Thema Umweltschutz für unsere Schulzeitung. Ihr seid doch Experten zu diesem Thema, nicht wahr? Ihr kommt nämlich aus Bern in der Schweiz. Und die Schweiz ist die Nummer eins in Sachen Umweltschutz. Erzählt uns doch etwas darüber!

Pia: Ja, also Umweltschutz ist wichtig – das lernen wir schon in der Schule!
Urs: Ja, bei uns haben alle Schüler „Umweltschutzunterricht": in jeder Klasse gibt es Umweltprojekte und Umweltaktionen.
Interviewer: Seid ihr auch zu Hause umweltfreundlich?
Pia: Ja, natürlich. Wir sortieren unseren Müll und recyceln ihn: Glas, Papier, Aluminium und normalen Abfall sammeln wir in verschiedenen Mülltonnen. Die Stadt holt die Mülltonnen dann zum Recyceln ab.
Urs: Aber das ist noch nicht alles: Zu Hause sparen wir auch Wasser und Energie: wir machen jedesmal das Licht aus, wenn wir aus einem Zimmer gehen, zum Beispiel.
Interviewer: Das ist gut. Kann man in der Schweiz auch umweltfreundliche Produkte kaufen?
Urs: Ja, alle Supermärkte verkaufen sehr viele recycelte Produkte. Bei der MIGROS – das ist die größte Supermarktkette in der Schweiz – sind zum Beispiel 40% aller Papierprodukte recycelt.
Pia: Ja, und das Gute ist: diese Sachen sind billiger, nicht teurer!
Interviewer: Ihr kauft also nur recycelte Produkte?
Urs: Na klar!
Interviewer: Was meint ihr: warum sind die Schweizer so umweltbewußt?
Pia: Also, bei uns gibt es noch viel Natur. Vielleicht wissen wir deshalb, wie wichtig unsere Natur und unsere Umwelt sind.

3 Telefongespräche mit dem Verkehrsamt

1
Beamtin: Guten Tag, Verkehrsamt München!
Mann: Guten Tag. Ich habe eine Frage: Ich wohne in Hamburg und komme nächste Woche nach München. Wie reise ich am besten?
Beamtin: Also, mit dem Flugzeug ist es natürlich am bequemsten. Der Flug dauert nur 45 Minuten.
Mann: Ich weiß nicht... ich fliege nicht so gern.
Beamtin: Sie können natürlich auch mit dem Zug fahren.
Mann: Und wie lange dauert die Fahrt?
Beamtin: Sechs Stunden.
Mann: Sechs Stunden? Das ist aber lange!
Beamtin: Oder Sie können auch mit dem Auto fahren. Das ist in München kein Problem.
Mann: Nein, ich kann leider nicht autofahren.
Beamtin: Also, ich schicke Ihnen am besten weitere Informationen zu – dann können Sie sich danach entscheiden.
Mann: Ja, vielen Dank. Auf Wiederhören!

2
Beamtin: Verkehrsamt München – wie kann ich Ihnen helfen?
Frau: Ja, guten Tag. Ich möchte nächsten Monat von Leipzig nach München fahren. Ein Auto habe ich nicht.
Beamtin: Der Intercity fährt jede Stunde von Leipzig nach München. Die Zugfahrt dauert vier Stunden.
Frau: Und mit dem Flugzeug – wie lange dauert das?
Beamtin: Der Flug dauert nur 30 Minuten.
Frau: Ja, das ist natürlich schneller – und bequemer. Aber wissen Sie: ich habe nicht viel Geld – Fliegen ist sicher teurer, nicht wahr?
Beamtin: Ja, das stimmt. Soll ich Ihnen einige Broschüren schicken? Dort finden Sie dann auch die Preise.
Frau: Das ist eine gute Idee. Vielen Dank!

3
Beamtin: Verkehrsamt München – guten Morgen!
Mann: Guten Morgen. Ich wohne in Stuttgart und habe morgen einen Termin in München. Ich muß um sieben Uhr morgens im Hotel zur Glocke sein.
Beamtin: Kein Problem, mein Herr. Sie fahren am besten mit dem Zug und mit der U-Bahn.
Mann: Und wie lange dauert das?
Beamtin: Also... Sie müssen einmal mit dem Zug umsteigen – und zweimal mit der U-Bahn – ungefähr 90 Minuten.
Mann: Umsteigen? Nein, das ist mir zu unbequem. Wie ist es denn mit dem Auto?
Beamtin: Ja, das ist natürlich auch sehr einfach. Sie kommen auf der Autobahn von Stuttgart direkt in die Innenstadt. Dort ist um diese Zeit noch nicht viel Verkehr. Und neben dem Hotel zur Glocke ist ein großes Parkhaus.
Mann: Können Sie mir die Informationen dazu heute noch faxen? Dann kann ich mich heute abend entscheiden.
Beamtin: Ja gern, mein Herr.

4 Das Auto in der Stadt?

Interviewer: In unserer heutigen Radiodiskussion geht es um Autoverkehr in der Stadt. Bei mir im Studio ist Gabriele Meier. Frau Meier, Sie arbeiten für das Umwelt- und Verkehrsamt der Stadt Hamburg?
Frau Meier: Ja, das ist richtig. Ich schreibe gerade eine Studie zum Thema Autos in der Stadt.
Interviewer: Was sagen Sie, Frau Meier: Fahren heute weniger Leute mit dem Auto als vor zehn Jahren?
Frau Meier: Ja, das stimmt schon. Immer mehr Leute benutzen heute öffentliche Verkehrsmittel – um zur Arbeit zu fahren, zum Beispiel.
Interviewer: Aber viele Leute fahren immer noch mit dem Auto in die Stadt?
Frau Meier: Ja, leider. Autofahren ist natürlich bequemer.
Interviewer: Viele Leute sagen auch: „Autofahren ist billig".
Frau Meier: Das stimmt vielleicht. Aber viel wichtiger ist: Autofahren ist ungesünder – und umweltfeindlicher. Die Autos vergiften mit ihren Abgasen unsere Luft. Neue Autos müssen heute zwar einen Katalysator haben. Und viele Autos fahren auch mit bleifreiem Benzin. Aber auch sie produzieren noch giftiges Kohlen- und Schwefeldyoxid!
Interviewer: Autofahren ist oft aber auch schneller. Ich wohne zum Beispiel im Süden Hamburgs. Mit dem Auto brauche ich zur Arbeit 20 Minuten. Mit dem Bus und der U-Bahn dauert die Fahrt aber eine Stunde.
Frau Meier: Ja, aber wie viele Autofahrer stehen jeden Morgen im Stau! Ihnen ist das egal. Ich glaube, für viele Deutsche ist das Auto vor allem Statussymbol. Es zeigt: ich fahre ein schnelles, großes Auto – ich bin erfolgreich!
Interviewer: Damit sind wir schon am Ende unserer Diskussion. Frau Meier, vielen Dank für das Gespräch!
Frau Meier: Bitte sehr.

Kontrolle 1

1 Hör dem Interview mit Ina zu und mach Notizen

Interviewer: Ina, erzähl mir mal: Wie sieht ein typischer Tag für dich aus?
Ina: Also, ich stehe um Viertel vor sieben auf. Um Viertel nach sieben frühstücke ich – ich esse Müsli und ein Brötchen mit Marmelade. Und um halb acht fahre ich dann zur Schule.
Interviewer: Fährst du mit dem Fahrrad zur Schule?
Ina: Nein, ich fahre mit dem Bus. Das ist schneller.
Interviewer: Wie lange dauert die Fahrt?
Ina: Die Fahrt dauert zwanzig Minuten, aber ich muß einmal umsteigen.

Cassette transcript

Interviewer: Und wann fängt die Schule an?
Ina: Um acht. Montags and mittwochs habe ich bis um halb zwei Unterricht. Am Dienstag, Donnerstag und Freitag habe ich Unterricht bis um Viertel nach zwei. Das ist ganz schön anstrengend!
Interviewer: Und was machst du nach der Schule?
Ina: Also, nach dem Mittagessen mache ich meine Hausaufgaben. Das dauert ein bis zwei Stunden. Danach treffe ich mich meistens mit Karin, meiner besten Freundin. Manchmal fahren wir in die Stadt, aber meistens sitzen wir in ihrem Zimmer und hören Musik.
Interviewer: Machst du auch Sport?
Ina: Ja, ich bin im Volleyballverein, und Montag nachmittag habe ich Training.
Interviewer: Was machst du abends, Ina?
Ina: Ich bleibe meistens zu Hause und sehe fern – ich habe einen eigenen kleinen Fernseher in meinem Zimmer. So um halb elf gehe ich dann ins Bett. Manchmal lese ich noch ein bißchen, und so gegen elf mache ich dann mein Licht aus.

Kontrolle 2

1 Hör dem Interview mit Meike und Silke zu

Interviewer: Meike, hast du oft Streit mit deinen Eltern?
Meike: Ja, ziemlich oft.
Interviewer: Warum streitet ihr euch?
Meike: Also, meine Eltern sind der Meinung: ich sehe zuviel fern.
Interviewer: Und stimmt das?
Meike: Ich finde nicht. Ich sehe nur nachmittags und abends fern – das is doch nicht zuviel!
Interviewer: Was siehst du am liebsten?
Meike: Am liebsten sehe ich Kabelfernsehen – Musikvideos und Seifenopern. Das finden meine Eltern natürlich nicht gut – sie sagen immer: „Solche Programme sind doch dumm – warum liest du nicht mal ein gutes Buch?" Aber Bücher interessieren mich nicht.
Interviewer: Silke, hast du auch Probleme mit deinen Eltern? Streitet ihr euch oft?
Silke: Oh ja, meine Eltern mögen meinen Freund Tobias nicht. Meine Mutter sagt: „Immer bist du mit Tobias zusammen. Du hast keine Zeit mehr für deine Freundinnen und deine Hobbys!" Ich bin aber am liebsten mit Tobias zusammen. Wir verstehen uns super und können über alles reden. Das ist doch nicht verkehrt, oder? Mich stört auch, daß ich so viel im Haushalt helfen muß. Meine kleine Schwester braucht nicht soviel zu machen – das finde ich unfair!

Kontrolle 3

1 Hör dem Interview mit Sven zu

Interviewer: Sven, willst du in den Sommerferien arbeiten?
Sven: Oh, ja, ich möchte gern einen Ferienjob haben. Ich möchte mir nämlich einen Computer kaufen.
Interviewer: Wo möchtest du am liebsten arbeiten?
Sven: Das ist mir eigentlich egal – Hauptsache, ich bekomme irgend etwas! Das ist nicht so einfach – hier in unserer Stadt gibt es nicht viele Sommerjobs.
Interviewer: Hast du letztes Jahr auch in den Sommerferien gearbeitet?
Sven: Oh, ja, im letzten Sommer habe ich vier Wochen lang in einer Gärtnerei gearbeitet.
Interviewer: Wie hast du den Job bekommen?
Sven: Ich bin einfach mal hingegangen und hab' gefragt, ob ich dort aushelfen kann. Und ich hatte Glück: Eine Woche später konnte ich dort anfangen!
Interviewer: Hat dir die Arbeit Spaß gemacht?
Sven: Oh, ja, sehr. Ich habe viel draußen gearbeitet, und manchmal durfte ich auch beim Verkaufen helfen. Also, der Kontakt zu den Kunden hat mir sehr gut gefallen.
Interviewer: Gibt es auch etwas, was dir nicht gefallen hat?
Sven: Ja, der Lohn – ich habe nur sechs Mark die Stunde bekommen. Das war viel zu wenig, fand' ich. Und ich mußte morgens schon um sieben Uhr anfangen – das fand' ich auch nicht so gut.

Kontrolle 4

1 Hör dem Interview mit Sandra zu

Interviewer: Sandra, wo warst du letztes Jahr im Urlaub?
Sandra: Ich war zwei Wochen mit meiner Freundin in Ungarn. Wir haben dort gezeltet.
Interviewer: Und wie seid ihr dorthin gefahren?
Sandra: Mit dem Zug. Das was am billigsten.
Interviewer: Was hat dir am besten in Ungarn gefallen?
Sandra: Die Landschaft hat mir am besten gefallen. Wir waren zuerst eine Woche lang in einem kleinen Dorf im Norden Ungarns. Also dort auf dem Land ist alles grün, und es gibt viele Seen. Dort ist es sehr ruhig, und es gibt keinen Lärm. Aber es gab auch Nachteile: Für Jugendliche gab es nicht viel zu tun – es gab zum Beispiel keine Discos oder Jugendzentren. Die nächste Stadt war 30 km entfernt, und es gab jeden Tag nur einen Bus in die Stadt!
Interviewer: Und was habt ihr in der zweiten Woche gemacht?
Sandra: In der zweiten Woche waren wir in Budapest. Budapest ist die Hauptstadt von Ungarn.
Interviewer: Hat dir Budapest gefallen?
Sandra: Ja, Budapest war sehr schön, und die Leute waren sehr nett. Aber es gibt dort viel Umweltverschmutzung. Das ist ein großes Problem. Recycling gibt es dort nicht – alles kommt in die Mülltonne. Und dann die vielen Autos! In der Innenstadt war jeden Tag Stau. Die Autos haben auch keinen Katalysator – sie vergiften die Luft mit ihren Abgasen. Das fand' ich furchtbar!

Answers

Unit 1

1 Miriam: c; Sven: a; Tim: b

2 Markus: c; Susi: c

3 1 three years ago (when she was 16) 2 she must eat meat because it's healthy 3 fresh fruit and vegetables 4 plays sport, basketball training three times a week 5 cook sometimes 6 eggs

4 she was affected by a TV programme about cruelty to pigs; vegetarian food is very healthy; it is cheaper; meat is full of chemicals; she loves animals – this is the most important reason

9 1 b; 2 d; 3 c; 4 a

10 4; 1; 3; 2

11 b

12 Henry Maske; age: 29; married; one daughter; 1985/87: European champion; 1988 Olympic champion; 1989 world champion; education: Abitur; hobby: reading; Gentleman Henry

Zum Üben

1 1 Es ist rot-weiß.
2 Er kauft einen Computer.
3 Es ist drei Jahre alt.
4 Sie gehen ins Kino.
5 Wir machen gern Sport.
6 Sie ist sehr schön.

2
ich	mich	mir
du	dich	dir
er	ihn	ihm
sie	sie	ihr
es	es	ihm
wir	uns	uns
ihr	euch	euch
sie	sie	ihnen
Sie	Sie	Ihnen

3 1 Er besucht mich.
2 Wir kennen uns schon lange.
3 Gib mir das Buch!
4 Ich gehe ohne ihn.
5 Wie geht es ihm?
6 Sie mag mich.

4 1 Ina ist schnell. Tanja ist schneller. Susi ist am schnellsten.
2 Stefan ist groß. Kai ist größer. Ute ist am größten.
3 Jan ist ordentlich. Tom ist ordentlicher. Martin ist am ordentlichsten.
4 Conny ist faul. Katrin ist fauler. Sina ist am faulsten.
5 Eine Dose Cola ist billig. Ein Mineralwasser ist billiger. Eine Tasse Kaffee ist am billigsten.

Unit 2

1 1 Gymnasium; 2 Deutsch;
3 sitzenbleiben; 4 Note;
5 Stundenplan; 6 Mathe;
7 Pause; 8 Informatik; 9 Klasse

2 1 true; 2 false; 3 false; 4 true;
5 false; 6 false; 7 false; 8 true;
9 true; 10 false

3 *Transport:* Germany – bike, Britain – bus or car; *Clothes:* Germany – no uniform, Britain – uniform; *Relationships with teachers:* Germany – more relaxed, less discipline, Britain – pupils much more polite to teachers; *Lunch:* Germany – no school lunches, Britain – school lunches; *School day:* Germany – no school after lunch, Britain – school until 4pm.

4 a 1 Thursday; 2 Wednesday;
3 Thursday period 2; 4 3: French, English & Latin 5 Jessica
b German: Ich habe den ganzen nachmittag frei; Schule beginnt um acht Uhr; Wenn ich schlechte Noten bekomme, bleibe ich sitzen
British: In der Mittagspause esse ich in der Kantine

8 1 c; 2 b; 3 c; 4 a

9 parents want him to sit Abitur; he keeps getting poor marks, despite tutoring; wants to be a mechanic; parents don't understand he'll probably not get through grammar school

10 *Classroom:* only one classroom for all pupils; teacher taught all the different classes at the same time
Methods: teacher usually dictated; no independent learning; pupils only answered questions when asked *Pupils' behaviour:* had to be well behaved and polite; had to stand up when answering a question; anyone cheeky was beaten
Uniform: boys wore blue sailor suits, girls wore long white dresses

11 *dafür:* c, e
dagegen: a, b, c
1f; 2e; 3a; 4c; 5b; 6d

Zum Üben

1 1 Ich muß Hausaufgaben machen.
2 Er darf seinen Aufsatz vorlesen.
3 Sie soll das Buch holen.
4 Er kann noch nicht lesen.
5 Ich möchte Abitur machen.
6 Sie will aufs Gymnasium gehen.

2 1 Sie möchte Französisch lernen.
2 Wir können heute ausschlafen.
3 Wir dürfen früher nach Hause gehen.
4 Du sollst deine Hausaufgaben machen.
5 Er will nicht sitzenbleiben.
6 Sie müssen im Klassenraum bleiben.
7 Ihr dürft in der Schule nicht rauchen.

3 1 Du mußtest das Buch lesen.
2 Wir durften das Buch lesen.
3 Er sollte das Buch lesen.
4 Ihr mochtet das Buch lesen.
5 Sie konnten das Buch lesen.

4 1 Englisch macht Spaß, obwohl der Lehrer streng ist.
2 Ich bin sitzengeblieben, obwohl ich viel gelernt habe.
3 Ich habe ein gutes Zeugnis, obwohl ich sehr faul bin.
4 Ich gehe ins Kino, obwohl ich für den Test lernen soll.
5 Ich komme zu spät, obwohl ich mich beeilt habe.
6 Meine Freundin ist besser als ich, obwohl ich mehr lerne.

Unit 3

1 Susi: b; Jens: a; Tanja: a

2 c Turkish restaurant

3 Tanja a; Johannes c; Andrea a

4 1 make you concentrate and think logically; never bored 2 thinks they are boring Meike never has time for him 3 give her sore eyes.

9 a video shop/club; **b** cake shop;
c ice rink; **d** computer shop;
e book shop; **f** gym; **g** ice cream parlour; **h** record shop; **i** disco

10 1 a; 2 d, f; 3 b, e; 4 c

11 1 Sandra; 2 Miriam; 3 Volker;
4 Dieter

12 works in Phantasialand; sells popcorn and candy floss; lives in Bad Münstereifel; travels 30km;

138

Answers

travels by car; works 11 hours; loves the job

14 10% kaufen Zeitschriften; 20% kaufen CDs und Kassetten; 10% kaufen Kleider; 10% kaufen Make-up; 10% kaufen Videospiele; 10% sparen auf einen Urlaub; 30% kaufen Getränke und Bonbons

Zum Üben

2 1 im; 2 in der; 3 im; 4 in der; 5 vor dem; 6 auf der; 7 neben dem
(The above are possible answers – you might have chosen different ones.)

3 1 Ich sehe nicht gern fern.
  2 Ich höre gern Musik.
  3 Ich schwimme gern.
  4 Ich lese nicht gern.
  5 Ich tanze nicht gern/gehe nicht gern in die Disco.
  6 Ich koche gern.
  7 Ich gehe nicht gern (in die Stadt) einkaufen.
  8 Ich spiele gern Tennis.

4 1 Ich spare mein Taschengeld.
  2 Tom/Tanja bekommt 50 Mark im Monat.
  3 Tanja/Tom hat einen Ferienjob.
  4 Wir gehen oft ins Kino.
  5 Du findest Mode sehr wichtig.
  6 Uwe und Anja lesen am liebsten Zeitschriften.
  7 Ihr tragt gern teure Jeans.

Unit 4

1 b

2 21; Rostock, Eastern Germany; Rock Report 6–8pm daily; start of 1994; studied English and music; plays in a band & reads science fiction novels

3 a 3, 4 **b** pop stars; young people's problems

4 a they think it is very stupid **b** Germany, Austria and Switzerland **c** they would like to become rich and famous **d** in Germany.

7 from the southern states of US; not very intelligent; becomes football star, Vietnam war hero; meets three presidents; 30 years of American history in one film

9 b; a; c

10 a in mid 1980s **b** soap operas; feature films; games shows; sport and music programmes **c** in addition to national newspapers, more than 600 regional dailies **d** news magazine

11 1 Jessica 2 Kai 3 Saskia

positive amusing, funny cheeky
negative crude, disgusting, out of touch

12 *for:* c; d; e; *against:* a; b; f; g
  a too many channels **b** too many repeats, games shows, sports programmes **c** can always find a programme you like **d** more choice **e** can decide for themselves **f** viewers are only 'consumers' **g** temptation to channel-hop

Zum Üben

1 ich werde fahren
du wirst fahren
er/sie/es wird fahren
wir werden fahren
ihr werdet fahren
sie werden fahren
Sie werden fahren

2 1 Morgen wird es heiß (sein).
  2 Morgen wird es schneien.
  3 Morgen wird es Gewitter geben.
  4 Morgen wird es neblig (sein).
  5 Morgen wird es sonnig (sein).
  6 Morgen wird es kalt (sein).
  7 Morgen wird es windig(sein).

3 1 Es wird elektronische Zeitschriften geben.
  2 Wir werden das Solarfernsehen erfinden.
  3 Jedes Haus wird eine Computerzentrale haben.
  4 Computer werden immer billiger werden.
  5 Es wird keine Radios geben.
  6 CDs werden altmodisch sein.
  7 Es wird keine Telefone geben.
  8 Die Werbung wird aus dem All kommen.

4 1 Wenn es regnet, werde ich zu Hause bleiben.
  2 Wenn ich mich informieren will, lese ich Zeitung.
  3 Wenn ich mich langweile, schalte ich den Fernseher an.
  4 Wir werden ins Schwimmbad gehen, wenn morgen die Sonne scheint.
  5 Ich höre am liebsten Musik, wenn ich in meinem Zimmer bin.
  6 Wenn ich Hausaufgaben mache, höre ich Radio.
  7 Wenn das Wetter nicht besser wird, können wir nicht in Urlaub fahren.
  8 Ich schaue Kabelfernsehen, wenn ich Unterhaltung will.

Unit 5

1 Martin: c; Ina: a; Olaf: b

2 1 party at Silke's on Saturday night
  2 Tuesday evening; cinema; new Otto film; starts at 7; meet beforehand at ice-cream café

3 Sarah is in Berlin; she is sharing a room with Anja only; Anja is in the 8th grade; likes German and Biology; likes Bratwurst

4 different hobbies and interests; she likes going out at weekends (disco), he likes watching TV; he's very sporty, they could only see each other in the evening; he didn't want her to go out with her friends; she sings in a band, he wasn't interested in her music

9 e; d; a; c; f; b

10 Katja und Thorsten: c; Jana: b

11 *Advantages:* can help solve each others problems; can tell each other everything; have no secrets; can have own interests; can be together a lot
Disadvantages: no interests of own; no time for friends; always together

14 wie geht's? Ich bin gut nach **Hause** gekommen. Ich **möchte** mich ganz herzlich für den schönen Aufenthalt bei Euch in Herdecke **bedanken**. Ihr wart alle so freundlich und hilfreich und ich habe mich bei **Euch** sehr wohlgefühlt. **Hoffentlich** habe ich auch mein **Deutsch** verbessert!
   Ich **habe** so viel Interessantes in Deutschland gesehen. Vielen Dank noch mal auch für die tollen Ausflüge, die wir zusammen **gemacht** haben. Besonders schön war die Fahrt **nach** Dortmund.
   Ich freue mich sehr **auf** Martins Besuch. Dann kann ich ihm die **Sehenswürdigkeiten** hier zeigen.
   Viele **Grüße** auch von meinen Eltern

Zum Üben

1 1 Ich esse nicht gern Kartoffelsalat.
  2 Ich habe keine Karte von meiner Oma bekommen.
  3 Sie haben kein Problem.
  4 Ich habe keine Idee.
  5 Wir fahren im Sommer nicht nach London.
  6 Ich habe keine Geschenke bekommen.
  7 Er ist nicht groß und trägt keine Brille.
  8 Ich habe keinen Bruder.
  9 Wir kommen nicht sehr gut miteinander aus.

2 Mein Geburtstag war ein schrecklicher Tag!
Ich habe **keine** einzige Geburtstagskarte bekommen und

139

auch **keine** Geschenke bekommen. Ich wollte eine Party haben, aber ich habe **keine** Zeit gehabt, sie zu arrangieren. Weil ich **keinen** Bruder oder **keine** Schwester habe, mußte ich meine Party ganz allein feiern. Ich bin zum Fast Food Restaurant gegangen. Ich habe Pommes frites und einen Hamburger (**keinen** Burger mit Käse!) gegessen. **Kein** Geschirr und **kein** Besteck – ich mußte mit den Fingern essen. Ich bin dann ins Kino gegangen, aber da läuft im Moment **kein** guter Film. Danach bin ich nach Hause gekommen, aber ich hatte **keinen** Schlüssel. Ich hatte ihn verloren. Ich bin durch ein offenes Fenster gestiegen. Leider hat ein Polizist mich gesehen. Ich mußte ihm erklären, daß ich **kein** Verbrecher war. Ich wollte **keine** Nacht in der Polizeiwache verbringen.

3 1 Dieses Stück Kuchen ist größer als dieses.
Aber mein Stück ist am größten.
2 Frau Schmidt ist kleiner als Herr Schmidt.
Aber ihr Sohn ist am kleinsten.
3 Die Reise von hier nach Paris ist länger als die Reise nach London.
Aber die Reise nach Moskau ist am längsten.
4 Mein Buch ist interessanter als dein Buch.
Aber dieses Buch ist am interessantesten.
5 Das Wetter in Menorca ist normalerweise schöner als das Wetter in Schweden.
Aber das Wetter in der Karibik ist am schönsten.

Unit 6

1 Michael: c; Susi: a; Markus: b

2 Monika: b; Daniel: b

3 Sven: **1** takes the rubbish out; tidies his room; washes up (at the weekend); vacuums; **2** doesn't like cooking **3** cleans his room
Lisa: **1** finds it boring; **2** brother does washing up; **3** tidies her room; sets the table (for lunch); goes shopping
Karin: **1** thinks it's not too bad; **2** twice a week - supermarket; **3** sister vacuums; brother cleans the bath

4 sofa; desk; computer; television; shelves for doll collection; CD player; wardrobe; chair; book shelf; plants; posters

5 **a** 6; **b** 5; **c** 2; **d** 1; **e** 8; **f** 4

9 1 f; 2 a; 3 e; 4 b; 5 d; 6 c

10 Floh

11 1 b 2 exotic birds; 14 000 of them; 3 13 000 snakes; 2 600 frogs; 120 monkeys; 60 wolves; 14 jaguars; 14 leopards; three poisonous

12 1 she's having trouble with her sister; has to share a room with her; always arguing; can't listen to her records/do her homework in peace; sister messes up her things; just laughs when Astrid gets angry
2 b

Zum Üben

1 1 Danach frühstücke ich.
2 Am Abend habe ich in der Disco getanzt.
3 Drei Stunden später bin ich nach Hause gegangen.
4 Seit vier Jahren teile ich ein Zimmer mit meiner Schwester.
5 Jeden Tag muß er staubsaugen.
6 Jede Woche macht sie das Badezimmer sauber.
7 Zweimal im Jahr gehen wir alle zum Zahnarzt.

2 a *aufstehen*
ich stehe auf
du stehst auf
er/sie/es steht auf
wir stehen auf
ihr steht auf
sie stehen auf
Sie stehen auf

b *sich waschen*
ich wasche mich
du wäschst dich
er/sie/es wäscht sich
wir waschen uns
ihr wascht euch
sie waschen sich
Sie waschen sich

trennbare Verben: aufstehen; mitnehmen; abfahren

reflexive Verben: sich waschen; sich freuen; sich die Zähne putzen

3 *Jeden Morgen*
Michael wacht um 8 Uhr auf.
Er zieht sich an.
Er wäscht sich.
Er isst das Frühstück.
Er geht aus dem Haus/Er verlässt das Haus.
Er fährt mit dem Bus zur Schule.
Gestern
Er hat sich um 8 Uhr aufgewacht.
Er hat sich angezogen.
Er hat sich gewaschen.
Er hat das Frühstück gegessen.
Er ist aus dem Haus gegangen/Er hat das Haus verlassen.

Er ist mit dem Bus zur Schule gefahren.

Unit 7

1 Tina: c; Florian: f

2 Kaiserstr.

3 U-Bahn not bus; 45 minute not 35 minute journey; has to change twice not once; blue bike not red; bike trips with friends not family

4 lots of things to see, e.g. lovely parks, zoo, the Thomaskirche, opera, exhibition centre; thousands of tourists come every year; town has old area and modern area; Frank thinks it's a beautiful town

9 1 d; 2 b; 3 g; 4 h; 5 f; 6 c; 7 a; 8 e

10 1 b; 2 a; 3 c; 4 d

11 1 c; 2 b; 3 a

12 1 second biggest port in Germany after Hamburg 2 coffee roasting; ship-building; tobacco 3 tiny lanes 4 donkey, dog, cat and cockerel; in the market square 5 most important fishing port; biggest passenger port in Germany

Zum Üben

1 aus; bei; gegenüber; mit; nach; seit; von; zu

2
	Nominativ	Dativ
m	der	dem
f	die	der
n	das	dem

	Nominativ	Dativ
m	ein	einem
f	eine	einer
n	ein	einem

3 1 Die Bäckerei ist **neben dem** Supermarkt.
2 Die Post ist **gegenüber der** Bibliothek.
3 Der Bahnhof ist **hinter einem** Hotel.
4 Der Friseursalon ist **zwischen** d ... . und d ... .
5–10 (Various solutions applicable)

4 Willkommen in Bremen!
Bremen ist eine Reise wert! Auf **dem** Marktplatz finden Sie den gothischen St. Petri Dom und das wunderschöne Rathaus mit **einem** Weinkeller. Vor **dem** Rathaus finden Sie die Rolandsäule, Symbol von **der** Stadtfreiheit. Auch neben **dem** Rathaus finden Sie das Denkmal der Bremer Stadtmusikanten aus **dem** Märchen von den Brüdern Grimm.

Answers

Ein Huhn sitzt auf **einer** Katze und die Katze sitzt auf **einem** Esel.

Unit 8

1 1 in an office   2 23 June – 7 August; 1–30 July   3 working days 9am – 5pm; very small company; 25 employees   4 for the boss; work on a computer   5 next week; Tuesday; 3pm

2 Silke: worked in a tourist information office; *Tasks:* make telephone calls; book hotel rooms/ tickets; organise city tours *Positive:* nice colleagues; working independently; contact with people (from overseas) *Negative:* strenuous work; difficult to be polite all the time
Thomas: worked in an office *Tasks:* type letters; file documents; arrange documents and files; work with a computer; speak on the phone in English and French; fetch coffee and cake *Positive:* working on computer; working with customers; not too much work – not stressful *Negative:* not interesting; quite boring; lonely; little contact with boss; colleagues had little time for him

3 b likes nature; member of conservation group; wants to work alone; doesn't want to sit in an office; hard-working; wants to study biology

6 c Videofilm;   d Schreibmaschine;   f Kassettenrecorder   i Fotoapparat

7 3 she's over 15; summer holiday job; can work up to 4 hours daily Unsuitable: **1** job for students; unsuitable dates;   **2** too young; unsuitable dates;   **4** too young; no driving licence

8 1 working in a garage   2 they were not too pleased; mother thought the work would be too heavy for a girl; sister supported her.   3 not very nice to her at the start; thought she couldn't do the work; accepted her after a week; now accept she can do it.   4 doing her Abitur in two years; afterwards do a mechanic's apprenticeship. *Positive:* boss very helpful; work very interesting; learned a lot; never bored *Negative:* stressful at start; only girl; must be confident and not over-sensitive

9 ich habe vor, **im Mai** nach **Weimar** zu fahren und möchte **ein Einzelzimmer** mit **WC, Bad, Telefon** und Fernseher reservieren lassen. Ich komme am **4. Mai** und möchte **zwei Nächte** bleiben.
   Können Sie auch bitte Informationen über die **Sehenswürdigkeiten** Ihrer Stadt und die Umgebung schicken?

11 gets up at 5am; goes to the flower market to buy flowers; 8–9am helps with bouquets, waters plants; sells flowers.

Zum Üben

1 1 Ich habe mein Praktikum in der Firma Fleischer gemacht.
2 Ich habe bei meiner Tante gewohnt.
3 Ich habe von 9 bis 5 Uhr gearbeitet.
4 Ich habe oft Englisch gesprochen.
5 Mittags habe ich in der Kantine gegessen.
6 Ich habe Briefe an andere Firmen geschrieben.
7 Morgens habe ich die Zeitung gelesen.
8 Ich habe viel gelernt.
9 Die Arbeit hat mir gut gefallen.
10 Ich habe viel Spaß gehabt.

2 1 Susi ist nie zu spät gekommen.
2 Frau Sauer hat mir am Anfang geholfen.
3 Bei schönem Wetter bin ich zu Fuß gegangen.
4 Herr Meier ist mit dem Bus zur Arbeit gefahren.
5 Susi und ich haben mittags zusammen gegessen.
6 Thomas ist zur Bushaltestelle gelaufen.
7 Vor der Firma habe ich Katja getroffen.
8 Frau Müller hat heute die U-Bahn genommen.
9 Ich bin schon in der Kantine gewesen.
10 Manchmal bin ich abends länger im Büro geblieben.

3 1 Während ich mein Praktikum mache, gehe ich nicht zur Schule.
   Während meines Praktikums gehe ich nicht zur Schule.
2 Während ich mein Studium mache, muß ich arbeiten.
   Während meines Studiums muß ich arbeiten.
3 Während sie ihr Praktikum macht, geht sie nicht zur Schule.
   Während ihres Praktikums geht sie nicht zur Schule.
4 Während ich telefoniere, mache ich Notizen.
   Während des Telefonats mache ich Notizen.

4 1 als;   2 während;   3 während;   4 als;   5 als;   6 während

Unit 9

1 Silke: a;   Oliver: c

2 Martin: a;   Sandra: d;   Sven: f

3 1 a;   2 b;   3 a;   4 many students wait a long time to get a place;   5 she wants to train as hotel manager;   6 wish her luck in getting university place

4 sitting Abitur in April not February; speaks Spanish too; got a 2 in French not maths; asked only about working hours

5 a Briefträger: arbeitet von Haus zu Haus;   b Sekretärin: arbeitet in einem Büro;   c Ärztin: arbeitet in einer Klink/einem Krankenhaus;   d Feuerwehrmann: arbeitet an einer Feuerwache;   e Architekt: arbeitet in einem Büro;   f Mechaniker: arbeitet in einer Kfz-Werkstatt;   g Reisebürokaufmann: arbeitet in einem Reisebüro;   h Busfahrer: arbeitet in einem Bus;   i Verkäuferin: arbeitet in einem Geschäft   j Krankenpfleger: arbeitet in einem Krankenhaus;   k Referendarin: arbeitet in einer Schule

7 2 – Guten Tag. Kann ich **Ihnen** helfen?
   – Ja. Ich möchte diesen Reisescheck **einlösen**, bitte.
   – Haben Sie Ihren **Paß**, bitte?
   – Bitte schön. Wie steht der **Kurs** heute?
   – Ein **Pfund** zu zwei Mark zwanzig. Können Sie bitte hier **unterschreiben**?
   – ....
   – Danke schön. Und hier ist Ihr **Geld**.
   – Vielen Dank. Auf Wiedersehen.
   – Auf Wiedersehen.

9 1 Turkish;   2 Lars Reinhart; Kiel;   3 nursing; reading;   4 Florian Block; Abitur

10 1 student teacher, doing one year's practical teacher training   2 Münster University; French, Latin and Education   3 teaches 12 periods a week; 16–19 year-olds; six different courses: three Latin, three French   4 pupils are great, accepted her right away   5 many are unemployed

11 should: take the pupils seriously; make the subject interesting and enjoyable; be able to assert yourself; have a sense of humour

141

Zum Üben

1 *Maskulin*
Akk. den schwarzen Anzug
Gen. des schwarzen Anzugs
Dat. dem schwarzen Anzug
Feminin
Akk. die weiße Bluse
Gen. der weißen Bluse
Dat. der weißen Bluse
Neutrum
Akk. das neue Hemd
Gen. des neuen Hemdes
Dat. dem neuen Hemd
Plural
Akk. die braunen Schuhe
Gen. der braunen Schuhe
Dat. den braunen Schuhen

2 1 … schwarze Schuhe
2 … einen blauen Schlips
3 … ein gelbes T-Shirt
4 … braune Socken
5 … schmutzige Jeans
6 … einen grünen Mantel
7 … eine bunte Bluse/ein buntes Hemd

3 du müßtest
er/sie/es könnte
wir dürften
ihr solltet
sie wollten
Sie hätten

4 1 Wenn ich bessere Noten hätte, würde ich nach dem Abitur studieren.
2 Wenn ich in den Ferien arbeiten könnte, würde ich mich freuen.
3 Wenn ich zu einem Interview (gehen) müßte, würde ich meinen besten Anzug tragen.
4 Wenn ich mehr Zeit hätte, würde ich einen Computerkurs machen.
5 Wenn ich der Chef wäre, würde ich nett zu den Lehrlingen sein.
6 Wenn ich Fremdsprachen könnte, würde ich Dolmetscherin werden.
7 Wenn ich mehr Geld hätte, würde ich einen Computer kaufen.
8 Wenn ich krank wäre, würde ich nicht zur Arbeit gehen.

Unit 10

1 Susanne: b; Kai: d; Oliver: a

2 Tuesday; Thursday; Saturday

3 1 b; 2 a; 3 b; 4 a; 5 a; 6 a

4 she will work in a supermarket; for three weeks; works 9am – 6.30pm; Saturdays and Sundays are days off; DM10 per hour; working at the cash desk

9 1 c; 2 a; 3 b; 4 d

10 1 Germany has the second most workday holidays per year: on average 31 days paid holidays and nine special days off 2 Holland has one more day holiday.
3 America has 23 days; Japan has 25 days

11 Berlin worth a visit; dialect hard to understand; London rains all day; Paris great! (exciting trip through the Channel Tunnel); Capri lovely and peaceful

Zum Üben

1
haben	sein
ich habe	ich bin
du hast	du bist
er/sie/es hat	er/sie/es ist
wir haben	wir sind
ihr habt	ihr seid
sie haben	sie sind
Sie haben	Sie sind

2 (see below)

3 1 Gestern habe ich Basketball gespielt.
2 Gestern habe ich Wurst gegessen.
3 Gestern abend bin ich ins Theater gegangen.
4 Gestern habe ich eine Postkarte an Sabine geschrieben.
5 Gestern bin ich mit der Bahn in die Stadt gefahren.
6 Gestern habe ich Mathe in der vierten Stunde gelernt.
7 Gestern habe ich meine Oma besucht.
8 Gestern habe ich eine Zeitschrift gelesen.
9 Gestern bin ich im Freibad geschwommen.

4 1 Wenn ich sehr sportlich wäre, würde ich viel Sport treiben.
2 Wenn ich sehr schön wäre, würde ich Filmstar werden.
3 Wenn ich ziemlich unfit wäre, würde ich jeden Tag spazieren gehen.
4 Wenn ich sehr kontaktfreudig wäre, würde ich viele neue Leute kennenlernen.

2
1	machen	gemacht	haben
2	spielen	gespielt	haben
3	essen	gegessen	haben
4	gehen	gegangen	sein
5	schreiben	geschrieben	haben
6	fahren	gefahren	haben/sein
7	lernen	gelernt	haben
8	besuchen	besucht	haben
9	lesen	gelesen	haben
10	schwimmen	geschwommen	sein

Unit 11

1 1 b; 2 i; 3 e; 4 g; 5 a; 6 c; 7 f; 8 d; 9 h

2 1 b car accident - no-one hurt 2 h lost umbrella on bus 3 g chocolate vending machine out of order 4 a lost cat 5 f stolen handbag 6 e finding way to the opera house from the station 7 c restaurant closed 8 d supermarket closed for building work

3 1 16; Turkish 2 8th grade
3 wants to train as a hairdresser
4 a he asks if they work b mother does not work; father works in a factory 5 a to small village in Turkey where grandparents live b they're frightened of anti-foreigner feelings/racism in Germany
6 wants to stay where she was born and brought up; sees it as her homeland

8 1 feels he is the only person she can talk to 2 sister and parents
3 she still thinks no-one likes her.

9 1 c; 2 d; 3 b; 4 a; 5 g; 6 h; 7 e; 8 f

10 Aynur; 18 yrs old; Turkish; Berlin (Kreuzberg area); Ghetto Sisters; approx. 25 *Skinheads*: right-wing louts from Eastern Berlin who chase and beat foreigners; Violence: skinheads beat anyone who 'looks foreign'; Ghetto Sisters learned about fighting on the streets; they protect Kreuzberg using violence if necessary *Self-defence*: some Ghetto Sisters have done a self-defence course; teach others in the gang; good training for the street

13 Am vierten Mai um halb zwei habe ich einen **Unfall** gesehen. Das Wetter war **schlecht**. Es hatte **geregnet** und die Straßen waren **naß**. Ich bin mit dem Auto **durch** die Stadtmitte gefahren in Richtung Stadium. Ein Lastwagen, der in der selben **Richtung** fuhr, hat mich vor einer Kurve **überholt**. Ein Motorrad

Answers

ist aus der anderen Richtung uns **entgegengefahren** und ist mit dem Lastwagen **zusammengestoßen**. Der Fahrer des Lastwagens hat nicht **angehalten**. Der Motorradfahrer war schwer **verletzt**. Meiner Meinung nach sind beide zu **schnell** gefahren.

Zum Üben

1 1 Ich gehe heute zum Sportzentrum, um Volleyball zu spielen.
2 Meine Freunde und ich treffen uns heute abend um acht Uhr, um ins Kino zu gehen.
3 Herr Breuer geht zum Supermarkt, um Wurst zu kaufen.
4 Nach dem Essen geht Stephanie in ihr Schlafzimmer, um ihre Hausaufgaben zu machen.
5 Frau Schulz besucht das Fundbüro, um ihre Handtasche zu suchen.

2 1 Ich habe eine Schwester, **die** Sabine heißt.
2 Das ist der schönste Blick, **den** ich je gesehen habe.
3 Hier ist der Wagen, **den** wir kaufen möchten.
4 Wer ist das Kind, **das** du gestern im Park gesehen hast?
5 Wo sind die Blumen, **die** ich gerade gekauft habe?
6 Danke für den Brief, **den** ich heute erhalten habe.
7 Das ist die Tante, **die** in Leipzig wohnt.
8 Hier ist das Haus, in **dem** mein Freund wohnt.

3 1 Ich habe eine Jacke gekauft, die 175,-DM kostet.
2 Kennst du meinen Freund Christian, mit dem ich nach Israel fahre?
3 Hast du das Bild gesehen, das ich selber gemalt habe?
4 Ich finde das Restaurant, das meinem Onkel gehört, toll.
5 Das ist bestimmt der Mann, den ich in Berlin kennengelernt habe.

Unit 12

1 Melanie: a, c; Lars: e, f; Eva: b, d

2 1 number one in environmental protection 2 all pupils have lessons on environmental protection, every class takes part in environmental projects and campaign 3 always switch off light when they leave a room 4 a 40% of all its paper products are made of recycled paper b cheaper 5 so much natural landscape in Switzerland; Swiss value it very highly.

3 1 d: by train: doesn't like flying; can't drive 2 d: by train or a: by plane, she doesn't have a car; train journey is long (4hours); flight is short (30 minutes), quicker and more comfortable but more expensive 3 f: by car probably; traffic is not too bad at that time; he can drive straight into the centre of town; car park beside the hotel; doesn't want to change from train to underground

4 *for:* more comfortable; cheaper; quicker. *against:* not as healthy, not environmentally friendly; not always quicker
1 d: trees in danger – every second, 10,000 sq. metres of tropical rain forest is destroyed worldwide 2 b: polluted air – poisonous sulphur dioxide in air; smog alarm in the cities 3 a: animals dying out – every year approximately 400-500 less species of birds, reptiles, fish, insects and mammals 4 c: poisoned waters – oceans and rivers are dead, water polluted by pesticides and nitrates

9 1 b; 2 a; 3 a; 4 a; 5 b; 6 b

10 1 d; 2 b; 3 a; 4 c

11 a at weekends, in country areas b over 100 000 c they were killed d excessive speed e wet (roads), snow, ice f at night

12 1 discos, sports or leisure facilities are not right beside them in the country; bus and train services do not run frequently enough through the villages 2 everyone in high spirits; too many people in the car; radio playing very loudly; driver has drunk alcohol 3 a not yet perfect drivers; they have no restrictions: not prohibited from buying fast car, not restricted to 80kph b whilst they are learning to drive

13 1 Kreuzung; 2 Kurve;
3 Baustelle; 4 Ampel;
5 Einbahnstraße; 6 Parkplatz;
7 Erste Hilfe; 8 Auotbahn;
9 Autobahngasthaus;
10 Fußgängerunterführung;
11 Tankstelle; 12 Polizei

Zum Üben

1 1 sahst; 2 aß; 3 vergaß;
4 ließ; 5 stand; 6 empfahl;
7 schlief; 8 geschah; 9 brach

2 1 Sortierst du deinen Müll?
2 Macht die Klasse eine Umweltaktion?
3 Sind die Regenwälder in Gefahr?
4 Benutzt er beim Einkaufen eine Stofftasche?
5 War Müll ein großes Problem an der Schule?
6 Ist viel Sonne schlecht für die Haut?
7 Sind Spraydosen gefährlich für die Umwelt?
8 Verlieren die Bäume ihre Blätter?
9 Hat die Schule zwei grüne Tonnen gekauft?
10 Wird es immer mehr Autos geben?

3 1 e; 2 g; 3 f; 4 i; 5 h;
6 a; 7 d; 8 b; 9 c

4 1 wieviel; 2 welchem; 3 was für;
4 wie lange; 5 welche;
6 warum; 7 wen; 8 wie;
9 welchen; 10 wie

Kontrolle 1

1 1 6.45 gets up; 7.15 eats breakfast; 7.30 goes to school 2 travels by bus; journey takes 20 minutes; has to change once 3 1–2 hours 4 sometimes goes into town; usually sits in her friend's room and listens to music 5 watches television in her room; goes to bed at about 10.30; reads a little; puts her light out at about eleven o'clock

2 1 c; 2 b; 3 a; 4 c; 5 c;
6 a; 7 a; 8 a

5 Sven: b; Johanna: f
Sven's recipe: fried potatoes/noodles; ham and cheese
Johanna's recipe: boiled potatoes; spinach; cheese; sour cream

8 c

9 1 c; 2 a; 3 b; 4 c; 5 b;
6 b; 7 c; 8 c

Kontrolle 2

1 1 Meike: falls out about watching too much televsion; Silke: parents do not like her boyfriend 2 Meike: parents think she should read; Silke: should spend more time doing hobbies and with friends 3 She has to help too much at home

2 1 b; 2 c; 3 a; 4 b; 5 c;
6 c; 7 a; 8 b

3 1 Berlin
2 greenhouse effect: global warming
3 America
4 love t; feel they can learn a lot from it

5 1 Ich werde Zeitung lesen.
2 Wir werden fernsehen.

143

3 Er wird eine feste Freundin haben.
4 Du wirst eine Jugendsendung moderieren.
5 Ich werde mein Zimmer saubermachen.
6 Ihr werdet einen großen Hit haben.
7 Sie werden ins Theater gehen.
8 Sie wird zu meiner Party kommen.

6 Am Montag geht sie um 14 Uhr ins Kino. Um 16 Uhr geht sie zum Kaffeetrinken bei Julia. Um 19 Uhr geht sie mit Ute in die Pizzeria. Am Dienstag geht sie um 12 Uhr zum Zahnarzt. Um 15 Uhr geht sie zum Schwimmen. Um 19 Uhr geht sie zur Party bei Jan. Am Mittwoch schreibt sie um 11 Uhr eine Mathearbeit. Um 14 Uhr geht sie zur Eisdiele. Um 18 Uhr räumt sie ihr Zimmer auf. Am Donnerstag holt sie um 14 Uhr ihre Oma vom Bahnhof ab. Am Freitag hat sie um 17 Uhr ein Treffen mit der Fotogruppe. Um 20 Uhr geht sie in die Disco.

7 1 mongrel   2 Dellbruck animal sanctuary   3 family with children   4 going abroad on holiday; couldn't take dog   5 service area on the motorway; found by the police   6 places for 120 dogs; now has 180   7 holiday time; not enough space for all the dogs but seldom say no.   8 dark cellars; service areas; airport; found by police and fire brigade.

9 1 auf;   2 ab;   3 mich;   4 ab;   5 aus;   6 mich;   7 ein;   8 mich

Kontrolle 3

1 worked for four weeks in a nursery; went in and asked if he could help out; started a week later; good fun; worked outside a lot; helped with sales; liked contact with customers; didn't like the pay: DM 6 per hour; didn't like starting at 7am.

2 1 c;   2 a;   3 b;   4 c;   5 b;   6 c;   7 b;   8 a

6 1 postwoman   2 likes being outside on her bike; has nice colleagues; lots of free time because often finished work at 1pm;   3 sorts the letters   4 didn't think she would be able to manage   5 wants to study (telecommunication engineering); move out of home; have her own flat

7 1 c;   2 b;   3 c;   4 a;   5 b;   6 c

8 1 write lots of applications   2 in shop windows   3 less children born   4 want to study   5 now:100 applicants for 120 places; 1984: 100 applicants for 95 places.
6 business woman, hairdresser, shop assistant.

Kontrolle 4

1 1 Hungary; for two weeks
2 countryside (very green, lots of lakes); very peaceful; no noise
3 not much to do; no discos or youth centres; nearest town 30 km away; one bus a day   4 no recycling; heavy traffic congestion; cars do not have catalytic convertors; bad air pollution.

2 1 c;   2 b;   3 c;   4 a;   5 b;   6 a;   7 a;   8 a

4 1 Germany back in fashion/popular again as a holiday destination
2 a false;   b false   c true

5 Im letzten Sommer **habe** ich Urlaub in Spanien gemacht. Ich **bin** mit meinen Eltern nach Valencia gefahren. Morgens **bin** ich an den Strand gegangen. Ich **habe** mich gesonnt, und ich **bin** im Meer geschwommen. Nachmittags **habe** ich einen Stadtbummel gemacht. Wir **sind** oft in ein Café gegangen und **haben** dort Limonade getrunken. Abends **sind** wir meist im Hotel geblieben und **haben** dort gegessen. Danach **bin** ich manchmal in die Disco im Hotel gegangen – das **hat** Spaß gemacht!

6 1 milk, cocoa and juice   2 schools sell milk in returnable glass bottles; bottles are collected, washed and re-used.

8 3

9 1 der;   2 den;   3 dem;   4 das;   5 die;   6 die;   7 der;   8 die